developmental psychology

長谷川真里 著
Mari Hasegawa

発達心理学

心の謎を探る旅 »

北樹出版

はじめに

　我々はどこから来たのか　　我々は何者か　　我々はどこへ行くのか
　　　　　　　　　　　　　　　　　　　　　　　――ポール・ゴーギャン

　本書は、発達心理学を初めて学ぶ学生を対象とした、15回程度の講義に対応した教科書です。発達心理学とは、生涯にわたって人間がどのように変化するのか、なぜ変化するのかを探る学問です。発達心理学は、問題領域も方法も多岐にわたりますが、本書は、ヒトがどのように他者や環境と相互作用をしながら社会的存在となっていくのか、という点に絞り記述しています。

　本書で特に留意したのは、次の諸点です。

　第一に、本書は、細かな知識の提供よりも、心理学的な考え方の醸成を目的としています。そのために、各節は、「問い」をたて、それに答えるための材料（具体的な実験結果や理論）を提示する、という形になっています。また、節の最後には、問いに対する筆者の見解が述べられています。そもそも、どの材料を選ぶかということやその提示の順序自体に、筆者のフィルターがかけられてしまいます。しかしながら、これらの「問い」は簡単に結論の出るものではないですし、正解もありません。学問は、まずは先達の「思考」をたどり、まさしく「その肩の上に立ち」、さらに先に進んでいくものですから、筆者の見解が述べられていること自体は決して悪いことではないと思います。読者のみなさんは、それぞれの問いに対して、本書が示した一応の答えを超えて、自分なりの答えを出し、さらには新しい問いをたててほしいと思います。さらに学びを深めたい人は、「読書案内」で紹介した本を読みすすめてください。

　第二に、初学者にもわかりやすいように工夫しました。具体的には、平易なことばで記述すること、人物紹介を入れること、実験を紹介するときはできる限り具体的に説明すること、などです。また、本書は、専門的で最新の知見をちりばめながらも、本全体を通して、ひとつの「読み物」になるように努力し

たつもりです。

　最後に、できる限り能動的に学べるように、章末に「ワーク」をつけました。読者のみなさんも実際に「やってみる」、「体験してみる」ことから、心理学の面白さを感じ取れるのではないかと思い、講義中で使用したワークの中から、比較的評判のよかったものを掲載しています。

　冒頭のエピグラムは、私の大好きな画家、ゴーギャンの最後の偉大な絵の、左上にさりげなく書かれた文章です。この問いは、本書全体の問いでもあり、もっというなれば、発達心理学の本質的な問いでもあります。本書を読み終えたとき、読者のみなさんは、この問いに対してどのような答えを出すでしょうか？

　発達心理学の特徴の一つに、学び手もまた「発達の過程」にあること、すなわち学びの内容が当事者の問題でもある、という点があると思います。本書は、赤ちゃんから青年へと成長する姿を「旅」になぞらえて描いています。読者の皆さん自身の過去、現在、そして未来と重ねあわせて読みすすめていただけると幸いです。

　本書の企画から出版の全行程にわたって、北樹出版の福田千晶さんにはたいへんお世話になりました。筆者がひそかに愛読していた何冊かの本を福田さんが編集なさっていることを聞いたときは、そのようなすばらしい編集者から執筆の依頼をいただき、本当にうれしく思いました。遅々としてすすまない原稿を辛抱強く待っていただき、さまざまにご助言いただきまして、心より感謝いたします。

　最後になりますが、本書を手に取っていただきました、すべての方に、心からお礼申し上げます。

　　　　　2014年6月

　　　　　　　　　　　　　　　　　　　　　　　　長谷川　真里

contents

序　章　イントロダクション……………………………………… 10
　第1節　発達心理学とは…………………………………… 10
　　　1．発達とは（10）2．発達心理学の研究方法（10）
　第2節　発達の過程………………………………………… 12
　第3節　発達の要因………………………………………… 14
　　　1．遺伝か環境か（15）2．トランザクショナル・モデル（16）
　　　3．発達環境をとらえるための視点（17）
　第4節　まとめと課題……………………………………… 18
　【コラム】発達心理学の歴史（20）

第1章　最初期の発達──冒険者たちの旅立ち……………… 21
　第1節　赤ちゃんは何をどこまでわかっているのか？…… 21
　　　1．赤ちゃんの研究方法（22）2．赤ちゃんの知覚能力（23）
　　　3．赤ちゃんの理解する物理学と算数（27）4．赤ちゃんの理解する道徳（30）5．まとめ（31）
　第2節　乳児の有能性と学びの基礎とは？………………… 32
　　　1．赤ちゃんは人間が好き（32）2．赤ちゃんはコミュニケーションを求める（33）3．コミュニケーションの変化（36）4．まとめ（38）
　第3節　発達において取り返しのつかない時期はあるのか？……… 39
　　　1．3歳児神話再考（39）2．発達の臨界期（39）3．愛着理論からソーシャルネットワーク理論へ（41）4．子どもは変わる、大人も変わる（46）5．まとめ（49）
　【コラム】偏見を超えて（51）

第2章　幼児期の発達──魔法の森の仲間たち……………… 52
　第1節　大人と子どもの認知の違いは？…………………… 52
　　　1．発達心理学の巨人、ピアジェ（52）2．感覚運動期（54）3．

前操作期（56）4．ピアジェ理論の発展（58）5．まとめ（63）

　第2節　子どもはどのように他者の心を理解するのか？……………… 63
　　　　1．心の理論とは（63）2．他者の心を発見する道筋（66）3．心の理論の獲得とその後（69）4．進化と社会的知能（71）5．まとめ（73）

　第3節　子どもはどのように自分を発見するのか？……………… 73
　　　　1．生態学的自己の発見（74）2．客体的自己の理解（75）3．自己意識の高まりと自己制御（77）4．まとめ（79）

　【コラム】自分という意識の芽生え（81）

第3章　児童期の発達──探検家たちの宝箱 …………………… 83

　第1節　9歳の壁とは何か？…………………………………… 83
　　　　1．9歳の壁とよばれる現象（83）2．認知の発達（84）3．ことばの発達（88）4．自己の発達と自尊心（89）5．まとめ（91）

　第2節　友達とうまくいかないのはなぜか？…………………… 92
　　　　1．仲間関係の発達（93）2．役割取得の発達（95）3．問題解決の過程（97）4．対人交渉方略の発達（98）5．感情リテラシー（100）6．社会的スキルのトレーニング（101）7．まとめ（102）

　【資料3-1】対人交渉方略を測定する質問（104）

　【資料3-2】ソーシャルスキルトレーニング（105）

　【コラム】感情の発達（106）

第4章　青年期の発達──さまよえる旅人たちの休息 ……………… 108

　第1節　青年期の若者の特徴は？……………………………… 108
　　　　1．青年の規範意識（108）2．アイデンティティの発達（112）3．まとめ（115）

　第2節　道徳性は測定できるのか？……………………………… 116
　　　　1．道徳性の定義（116）2．ピアジェの研究（117）3．コールバーグの研究（120）4．道徳性は文化普遍的か？（123）5．まとめ（125）

　第3節　青年は社会をどのように理解するのか？……………… 125

1．社会認識（*125*）　2．多数決の理解（*126*）　3．権利の理解（*128*）　4．法的推論（*130*）　5．まとめ（*132*）

　【コラム】価格の競争ルールについての大学生の理解（*134*）

第5章　生涯発達——そして旅は続く……………………………………*136*

　第1節　文化によって発達の様相は異なるのか？………………………*136*
　　　　1．文化を研究する方法（*136*）　2．日本人論（*137*）　3．東洋と西洋の道徳性（*138*）　4．まとめ：文化二分法の落とし穴（*143*）

　第2節　集団の中での学びとは何だろうか？……………………………*144*
　　　　1．社会文化理論からみた学び（*145*）　2．集団づくり（*147*）　3．授業を成立させるための道具と協同学習（*149*）　4．まとめ（*150*）

　第3節　幸福になるにはどうしたらよいのか？…………………………*151*
　　　　1．幸福を測定する方法（*151*）　2．子どもの幸福（*152*）　3．子どもの貧困（*154*）　4．レジリエンス（*158*）　5．まとめ（*159*）

　【コラム】心はどこにあるのか？（*162*）

終　章　未来を生きるすべての人へのメッセージ……………………*163*

キーパーソン一覧……………………………………………………………*165*

引用文献………………………………………………………………………*167*

発達心理学

心の謎を探る旅

序章
Chapter イントロダクション

> 本書全体の導入となる序章では、発達心理学の研究方法を確認した上で、発達の過程のおおまかな流れを概観する。そして、人間が年齢とともになぜ変化するのかということを考える上で必要な、相互作用説を紹介する。最後に、発達を「生物―心理―社会」の枠組みで考える必要性を確認しよう。

第1節　発達心理学とは

1．発達とは

　生まれたばかりの赤ちゃんと、小学生は「明らかに違う」ようにみえる。昔をふりかえって自分もずいぶん成長したなあ、と思うことがあるかもしれない。このような年齢による変化は、通常「発達」とよばれる。では、発達とは何だろう。

　人間の発達とは、誕生から死にいたるまでの心身の変化と定義される。類似したことばに、発育、成熟、学習がある。発育は、身体の発達を指す場合が多く、意味がより限定的である。成熟は遺伝的素因に基づく変化であり、学習は練習や訓練などの経験による変化である。

　かつて、発達とは、子どもが大人になる過程と考えられていた。それゆえ、発達心理学では、親の養育方法や養育態度が子どもの発達にどのような影響を与えるのかという観点からの研究が主流であった。しかし、近年では、生涯発達心理学の構想が出されるようになり、また、親子の双方向の影響が重要であるという認識に変化している。

2．発達心理学の研究方法

　研究の出発点において重要なことは、調べたいことや研究で用いる用語が実

在の物か、実在しない「構成概念」であるかを区別することである。たとえば、身長や体重は実在の概念であるが、知能や社会性などは、手に取って大きさを測ることはできない実在しない概念、つまり構成概念である。では、「知能が低下した」や「社会性が高い」などという場合、どのように測定したり、議論したりできるのだろうか？　調べたいものが構成概念の場合は、まず定義をはっきりさせること、次に、構成概念と対応する行動や反応が何かということを明確にすることが重要である。よって、構成概念を測定するためには、概念と対応した何らかの行動や反応を測定することから構成概念を推定する、という手続きを踏まなくてはならない。

　心理学の研究では、これらの構成概念（たとえば知能、思いやり、共感性、社会的スキルなど、さまざまな心の問題）について、「なぜその構成概念が生じるのか」、「何歳からこの構成概念を理解できるのか」、「その構成概念の高低は何に影響されるのか」、「この構成概念と別の構成概念はどのような関係があるのか」などを調べる。具体的にはどのように調べるのだろうか？　代表的な研究方法である、実験、調査、観察について説明しよう。

　（1）実　　験

　実験とは、人の行動や心理が何によって影響されるのかを調べること、つまり、因果関係を明らかにするものである。たとえば、ある授業を行うことでそのクラスの成績が上昇したとしよう。しかし、これだけでは、成績の上昇の原因がその授業にあるとは結論づけられない。生徒の関心、教師の力量、生徒の授業以外の経験など、他の要因が働いている可能性があるからである。そこで、成績の上昇が、その授業によるものか、それ以外に原因があるのかを確かめるためには、調べたい要因を含む条件と要因以外は同じで、調べたい要因が含まれていない（あるいは少し違う要因にする）条件を比較することが必要になる。

　（2）調　　査

　調査とは、対象者のいつもの自然な状態を調べるものであり、心理学では主に質問紙、いわゆるアンケートを使用する。たとえば生徒の成績と関連する要因が何かを調べるために、親の年収、生徒の勉強時間、生徒の読書量など、生

徒の置かれた環境や状況がわかるさまざまな質問に答えてもらう。そして、それらの要因と成績にどの程度関連があるのかを調べる。
　(3)観　　察
　観察とは、現象を注意深く見て、現象の背景要因を探るものである。たとえば、子どもの遊びの発達的変化を調べるために、幼稚園の教室で幼児の様子を見守り、記述する、というような研究がこれにあたる。授業中の様子を実際に見たり、ビデオに録画して、教師と生徒がどのよう発話をしたのか、どのような行動をしたのかを書き起こし、調べたい現象について詳細に分析するのである。

第2節　発達の過程

　発達心理学では、発達の時期を示すために、表序-1のような時期区分が用いられることが多い。では、生涯にわたる一般的な変化を概観しておこう。
①新生児期：生後4週までの時期をいう。呼吸や栄養摂取などの機能を整える時期である。
②乳児期（0-1歳）：いわゆる赤ちゃんの時代である。生まれたばかりの乳児は、自ら移動したり、行動することができない、無力な存在のように見える。しかし、実は乳児は有能な存在であることがわかってきた。乳児期の大き

表序-1　一般的な発達区分

発達区分	段階区分の目安	おおよその時期
胎児期	受精～出生	―
乳児期	～歩行・言語使用の開始	誕生～1、2歳
幼児期	～運動・会話がいちおう自由	1、2歳～6歳
児童期	～第2次性徴の出現	6歳～12歳
青年期	～生理的成熟と心理的諸機能のいちおうの安定	12歳～22歳
成人期	～家庭生活・職業生活のいちおうの安定	20代、30代
壮年期	～社会の一線からの退却	40代、50代
老年期	～死	60歳以降

な変化とは、生後9ヵ月頃に生じる「第1次認知革命」である。そして身近な大人とのやりとりを通して、知的な側面と社会的な側面が発達していく。また1歳から1歳3ヵ月の頃、初めてのことばである初語が出現する。乳児期は、発話と歩行という人間特有の行動の準備期として位置づけられている。

③**幼児期（1-6歳）**：未就学児または就学前児ともいわれる。身辺の自立と、話しことばの基礎が形成される時期である。親や教師などの大人とのやりとりに加えて、仲間同士のコミュニケーションも増加する。自我の芽生えにより、何を言っても「いや」と反抗する「第1反抗期」とよばれる時期を迎える。さらにこの時期の大きな変化は5歳頃に生じる「第2次認知革命」である。他者が現実とも自分の心とも異なる独自の心の世界をもつことを理解するようになり、対人的なやりとりも複雑になっていく。

④**児童期（6-12歳）**：小学生の6年間の時期である。具体的なことがらに限っては、論理的に考えられるようになり、学校教育により読み書き能力や計算能力も高まる。小学校への入学は、人生の節目となるような大きな環境の変化（環境移行）であり、問題が生じる子どもも現れる。そして小学校中学年、高学年になると、認知的にも「第3次認知革命」を迎え、抽象的なことがらについて論理的に考える力が徐々についてくるようになる。同時に教科教育も格段に難しくなる。この頃から生活の中で仲間関係の比重が高くなる。児童期後期には、性成熟の兆候であるところの、第2次性徴の出現により大人の身体に変化していく。この変化は、児童期から青年期への移行を示すものである。

⑤**青年期（12-22歳）**：青年期ということばは、社会文化的な意味において大人への準備を始める時期を指す。身体的、心理的に急激な変化にさらされ、また、身体的には大人であるのに心理的・社会的には大人としては扱われないなどアンバランスな時期であるため、青年期は一般に不安定な時期であると言われる。そのような中で、青年は、「第2反抗期」を迎えながら、青年期の発達課題としてアイデンティティの確立を目指すのである。また

仲間関係では、同質性を求めるチャム・グループから、真の仲間関係であるピア・グループへと変化していく。
⑥**成人期～老年期（22歳以降）**：いわゆる大人の時期を指す。成人期では、就職や恋愛、結婚などの体験を通して大人への仲間入りを果たし、充実した職業生活や家庭生活を運営しようとする。成人期の知能の発達について考えるとき、ホーンとキャッテル（Horn & Cattell, 1966）の結晶性知能と流動性知能の加齢パターンモデルが示唆に富む。結晶性知能とは、知識の蓄積など、生涯を通しての経験の積み重ねにより獲得される能力である。一方、流動性知能は計算などのように情報を素早く正確に処理する能力である。流動性知能は、成人に達する前後にピークに達するが、結晶性知能は、高齢になっても伸び続ける。「経験」は、成人期以降の知的能力を特徴づけるキーワードであろう。

そして65歳以上は老年期とよばれる。かつて老人は、弱々しくて介護や援助が必要な人というイメージでとらえられることが多かったが、昨今ではサクセスフル・エイジングという考え方が広がってきている。これは、積極的に成人期後期を生きるという課題を設定して、前向きに生きることに価値を置くことである。認知能力についても、必ずしも低下するとはいえない。特に、人生の実際的な問題について、適切に対処するための理解力、判断力、洞察力などの知的能力、いわゆる「知恵」は、加齢にともない低下するわけではない。しかし、サクセスフル・エイジングが注目される一方で、認知症の発症や介護をめぐる心理的、社会的な問題があることも忘れてはならない。

以上の区分と説明は、全体的なものであって、個人個人にぴったり当てはまらないことも多いので留意する必要がある。

 第3節　発達の要因

前節で、人間の発達過程を概観した。では、このような発達的変化は何によ

って起こるのだろうか。本節では、生まれながらに備わっている遺伝要因とその後の経験のなかで出会う環境要因について考えてみよう。この2つの要因は、人間の発達に対してどのような働きをするのであろうか。

1. 遺伝か環境か

　人間の発達が、遺伝と環境のどちらに影響されるのかということは、古くから人々の関心を集めていた。発達において遺伝を重視する立場は、遺伝説、生得説、成熟優位説などとよばれ、人間の心はある種の概念を先天的（ア・プリオリ）に認識できるという考えに基づく。ゲゼル（A. L. Gesell）は、一卵性双生児（遺伝的に同じであると想定される）の片方に、排泄訓練、積み木の操作、階段登りなどの訓練をした。すると、このような訓練をうけた子どもは、もう一方の子どもと比べて優れた技術を身につけた。だが、訓練をうけなかった子どもも、その後短期間の練習ですぐに追いついていったことから、ゲゼルは、発達において成熟（遺伝）は学習（環境）よりも優位に働くと考えた。

　これに対し、発達において環境を重視する立場は、環境説あるいは経験説とよばれる。心理学では、20世紀のはじめ、行動主義が台頭し、経験説が主流となった。ワトソン（J. Watson）は、「健康な赤ん坊さえ与えてくれたなら、弁護士にでも、芸術家にでも、泥棒にでも育ててみせる」とさえ述べている。なお、発達の規定因を遺伝もしくは環境の片方に求める考え方は、ともに「単一要因説」とよばれる。

　しかし、人間の発達を考えるとき、「遺伝か環境か」という2項対立的な問いをたてることは不毛である。両者が加算的に作用すると考える輻輳説、相乗的に作用すると考える相互作用説がある。輻輳説では、遺伝要因と環境要因が寄り集まって（これがつまり、輻輳ということである）、発達がすすんでいくとみる。たとえば、ある能力は遺伝が8割、環境が2割で決定される、というように、遺伝と環境は足し算できるものと考える立場であり、遺伝と環境の相互影響関係は想定されていない。一方、相互作用説では、特定の遺伝要因が環境からの特定の刺激を引き出しやすく作用し、そのことがさらに、遺伝要因の発現に影

第3節　発達の要因

響を与えると考える。遺伝要因と環境要因がかけ算のように掛け合わされて、発達が規定されていくとするのである。現在は、単一要因説および輻輳説は問題が多いと考えられており、相互作用説が主流となっている。

2. トランザクショナル・モデル

では次に相互作用説をさらに詳しくみていこう。発達とは、輻輳説にみられるように静止的なモデルで説明できるものではなく、もっとダイナミックな過程である。人が経験を通してあることを学習すると、それによってその人に変化が生じ、その後になされる経験は以前とは異なった影響をその人に及ぼすようになる。また、このように変化した個体は、環境に対する働きかけ方も以前とは異なるようになり、環境そのものも変化していく。したがって、そこから得る経験も変化する。このように個人と環境のいずれも変容可能性があり、かつ、相互に影響しあうことを強調したのが、サメロフ（Sameroff, 1975）の相乗的相互作用モデル（トランザクショナル・モデル）である（図序-1）。

トランザクショナル・モデルでは、個人の要因と環境要因は時系列的に影響しあうと考える。たとえば、ある子どもに問題行動が見られたとしよう。それは一朝一夕に現れるものではなく、たとえ乳幼児であっても、それなりの時間的経過を経て出現する。個人の体質的特徴は、その個人が置かれたさまざまな環境要因と相互に影響しあっていく。また、どのようなリスク因子も単独で作用することはなく、累積的・相互作用的に影響する。こうした相互影響過程のなかで、個人にも周囲の環境にもストレスがたまっていくという悪循環が続いてしまうとき、問題行動や精神症状が現れ、やがて精神障害になってしまう可能性がある。人間のある時点でのある行動を理解するために、あるいは適切な援助を行うためには、個人の要因と環境要因の

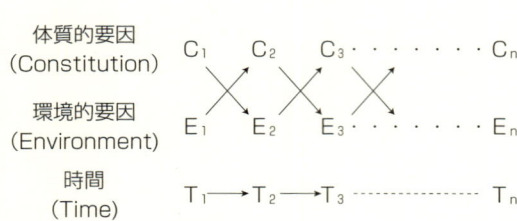

図序-1 発達の相乗的相互作用モデル（Sameroff, 1975より）

両側面から「経過」を確認する必要があるのである。

3. 発達環境をとらえるための視点

　人間の発達は、直接的にかかわる人との関係の中だけですすむものではない。その人たちが背負っている社会的・文化的・歴史的な相互作用の中で進行し、その影響をうける。このような多元的な環境をどのようにとらえればよいのだろうか。ブロンフェンブレンナー（U. Bronfenbrenner）は、個体を取り巻く生態学的環境（人や動物などが生きて生活している環境）を、入れ子構造になった４つの水準に分類した（図序-2）。

　第１の水準は、個体が直接経験する環境であるマイクロ・システムである。第２の水準は、複数個のマイクロ・システム間の相互関係を指すメゾ・システムである。個人は２つ以上のマイクロ・システムに属しており、それぞれの経験や役割、行動様式が持ち込まれ、そこでの人間関係や経験に影響を与えあう。

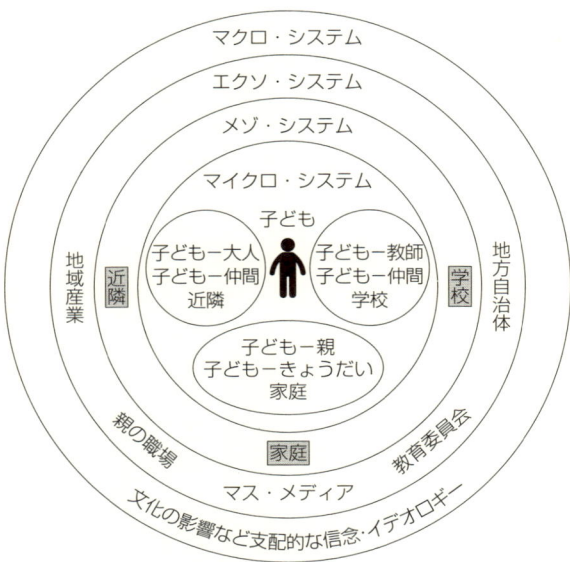

図序-2　ブロンフェンブレンナーの生態学的モデル（中澤, 2011；渡辺・榎本, 2012より作成）

第3の水準は、エクソ・システムである。個人が直接的、能動的に参加するのではないが、その個人が属しているマイクロ・システムで起こることがらに影響し、またマイクロ・システムが影響を与える、外部システムである。親の職業や職場での地位、人間関係、親の学歴、地域社会での活動、マス・メディアなどが含まれる。第4の水準は、第1から第3のシステムの一貫性を生む信念、情報などにかかわるマクロ・システムである。イデオロギー、思想、信念体系などが含まれる。

　人間の発達を考えるときには、多様で複層的な環境の中で相互作用が生じているという視点が重要であろう。

第4節　まとめと課題

　発達が多面的、総合的な変化であるならば、発達は本来「心理学」の中だけで対応できる問題ではない。21世紀になり、「発達科学」という名称が市民権を得てきた。その流れの中で、発達とは、「生物としてのヒト」、「自己機能を持ち経験を自分のものとして処理し統合する心理過程」、「歴史、文化、時代、社会による制約」、およびこの3者が相互に影響しあいながら、時間の経過につれて変化していくものと考えられるようになってきた。これは生物―心理―社会的 (bio-psycho-social) 枠組みといわれる。

　この枠組みは、一見当然のようでいて、実は難しい。たとえば、筆者がかつて学生から受けた相談の中に、家庭教師先の子どもが突然不登校になってしまった、というものがあった。その直前に両親が離婚したとのことで、その学生は離婚が原因で子どもが不登校になった、という因果関係を推測したようであった。しかし、多面的、総合的に考えるということは、たったひとつの直前の原因が、ある行動を引き起こす、という図式に待ったをかける。その子どもの年齢は？　どのような心身の発達の状態なのか？　地域や学校では？　子どもが親に与える影響は？　そして何より、その子どもは、過去の自分と未来の自分の中で「今まさに生きて生活している主体」なのである。気が遠くなるよう

な複雑な状況であるが、人間について考えるためには、生物としての存在、心理的な存在、社会的な存在、すべてに目配りする必要があるのだ。

　第1章は、人間の始まり、赤ちゃんの時代を見ていこう。さて、我々はどこから来たのであろうか？

ワーク：充実度曲線を描いてみよう

　生まれてから現在までの自分の「充実度」を、グラフにしてみよう。真ん中の線が「普通」の状態として、線分を、充実していた、楽しかった時期はその上、充実していない、悩みの多かった時期はその下にしてみよう。また、発達の各時期に特徴的な名称をつけてみよう。たとえば「きらきらの小学生」、「嵐の中の中学生」など。さて、あなたはどのような人生を送ってきたのであろうか？　本章で説明した発達段階の特徴は、あなたにあてはまるだろうか？

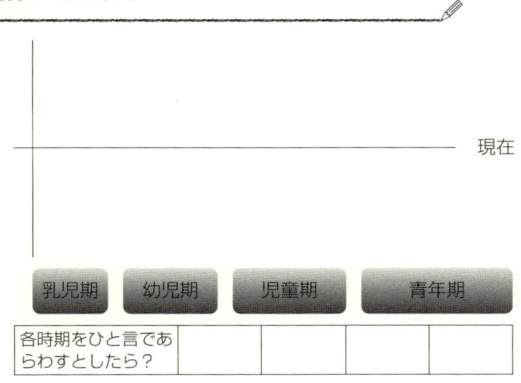

図序-3　充実度曲線を描いてみよう

【読書案内】

「生涯発達の心理学」　高橋恵子・波多野誼余夫　岩波新書　1990年：人間はそれぞれの年代において常に能動的であることが、豊富な研究例によって実感できる書。発達心理学を学ぶ上での基本的な考え方を身につけることもできる。

第4節　まとめと課題

【コラム：発達心理学の歴史】

　ケアンズ（Cairns, 1998）は、発達心理学研究を3つの時期に分けている。第1の「創世期」は、19世紀後半から20世紀初頭の、児童の発達に関心が寄せられ、日記や観察などの実証研究が始まった時期である。第2の「中期」は20世紀中旬くらいまでの、行動主義や精神分析理論が中心となった時期である。第3の「現代期」は、20世紀半ばから現在までの時期であるが、行動主義の影響が衰退し、認知発達理論や愛着理論などが台頭した時期である。文化人類学など他の学問領域からの影響もみられる。また、研究の方法論もより洗練されてきている。図序-4は、人間理解の理論（出来事を描写、説明、予測するための秩序だった考え方）の変遷を手際よくまとめたものである。同じ現象を見ても、何を重視するかは理論の枠組みによって異なる。自分の暗黙の了解がどの理論に近いのか、あるいは、教科書等で説明されることがらがどの理論に基づいたものなのかを確認することは重要である。

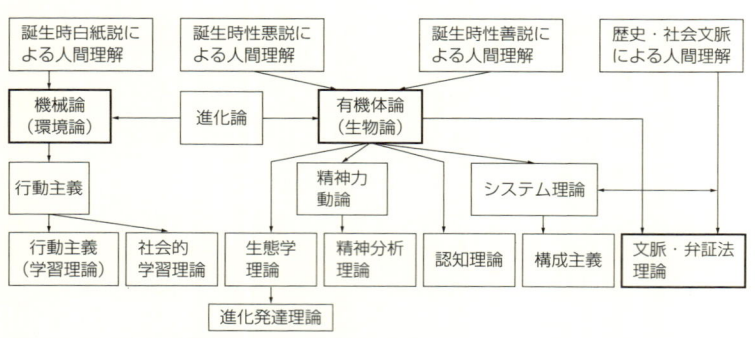

図序-4　人間理解の考えの変遷（Slee & Schute, 2003；古澤，2005より作成）

Chapter 01 最初期の発達

冒険者たちの旅立ち

> 「赤ちゃん」といわれる時期の子どもは、何をどこまでわかっているのだろうか。知覚に加え初歩的な物理学と算数、道徳という「赤ちゃん」ということばからは一見結びつかないような、少々意外な側面から考えていく。そして、人間が好きで他者とのコミュニケーションをとろうとする赤ちゃんの存在は、発達においてどのような意味があるのかを解説する。最後に、人間の発達は3歳ぐらいまでに決まってしまう、という言説を批判的に考察する。本章を通して、発達がいかに可塑性に満ち、人が学び続ける存在であることを実感してほしい。

 ## 第1節 赤ちゃんは何をどこまでわかっているのか？

本節では、0歳の赤ちゃん、つまり乳児について考えていく。みなさんは乳児を見たことはあるだろうか？ もっというなれば「だっこ」したことはあるだろうか？ 大家族が主流の時代には、乳児に接する機会も多かったかもしれない。しかし現代の若者は、電車の中で乳児をちらっと見たことがある、という程度の接触経験しかない人が多いかもしれない。

厚生労働省の21世紀出生児縦断調査によると、生まれたばかりの赤ちゃんは約3000グラム、身長は50センチ程度である。生後3ヵ月になると、体重はその倍になる。図1-1は誕生から一人歩行までの一般的な身体運動発達の過程である。一般には1歳を過ぎないと歩くことができない。つまり、養育者が近くで世話をしないとひとりでは何もできない状態が長く続くのである。

発達心理学を学ぶ上で、乳児の話から始めるのは、なにも発達を年齢順に見

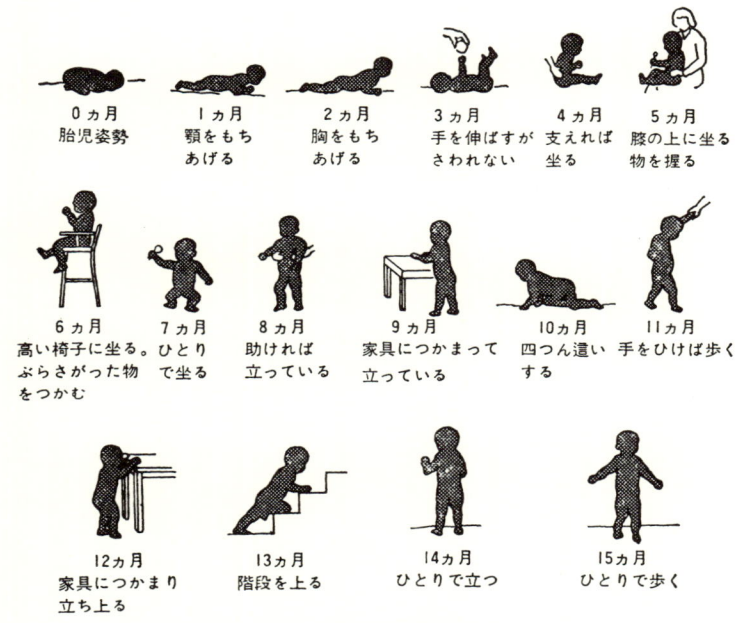

図1-1　誕生から一人歩行までの身体運動発達（Shirley, 1931より）

ていくためだけではない。乳児には「人間はどこから来たのか」ということを理解するためのヒントが隠されているからである。しかし本題に入る前に、まず、乳児の研究方法を理解する必要がある。

1．赤ちゃんの研究方法

　人が何を考えているのか知るにはどうしたらよいだろうか。大人に対してならば、直接聞いてみる、文章にしてもらうなど、ことばを使って調べることが可能であろう。では、まだしゃべることのできない乳児が何を理解し、何を好むのかということは、どのように調べればよいのだろうか。本節では、代表的な乳児の研究方法を2つ紹介する。

(1)選好注視法

　乳児が対象を見つめる傾向を利用したのが、選好注視法である。この手法では、乳児に2つの対象（刺激）を対提示し、どちらか一方を選択的に見るかどうかを調べる。必ずしも長く見るほうを乳児が好むとはいえないが、少なくともその2つの刺激を区別しているとはいえる。よって、この手法には、乳児がある対象に対する好みを持っていない場合や、2つのものを両方とも好きな場合などには利用できないという限界がある。

(2)馴化脱馴化法

　乳児は新しいものが好きであると同時に、飽きっぽい。この特性を利用したのが、馴化脱馴化法である。まず、乳児に1つの刺激を繰り返し提示する。何度も提示し続けると乳児は飽きてしまい、反応が低下する（たとえば、見なくなる、吸啜数が減るなど）。これが慣れ、すなわち馴化である。馴化が生じたときに、次に別の刺激を提示して、乳児の反応が回復するか（たとえば、また見る、吸啜数が増えるなど）を調べる。これが馴化を脱すること、すなわち脱馴化である。脱馴化が生じるということは、乳児が最初の刺激と次の刺激を「別のもの」と認識しているということを意味する。たとえ大人にとって「別のもの」であっても、脱馴化が生じなければ乳児にとっては「同じもの」であるし、大人にとって区別できないものであっても乳児が脱馴化するならば乳児にとっては「別のもの」なのである。

　厳密には他にも乳児の実験方法は存在するが、基本的なものとして、まずはこの2つを押さえておこう。

2．赤ちゃんの知覚能力

　乳児はどの程度見たり聞いたりすることができるのだろうか。上述の研究方法が開発されることにより、乳児の知覚能力が次第に明らかになってきた。

(1)視　　覚

　長く、新生児は目が見えないと考えられてきたが、近年になって新生児の視力は0.02程度だとわかってきた。0.02とは、30センチメートル先にあるものに

表1-1 乳幼児の視力 (福田, 2012より)

月齢（年齢）	視力
誕生〜生後2ヵ月	0.02程度
〜5, 6ヵ月	0.04〜0.07程度
〜1歳	0.08〜0.15程度
〜1歳半	0.2程度
〜2歳	0.17〜0.36程度
〜2歳半	0.5程度
〜3歳	1.0程度

焦点があう、という程度の視力である。またそのような視力の乳児でも、動く物体を見ようとする。出生後の視力の変化は表1-1の通りである。では、乳児はどのようなものを好んで見るのだろうか。

ファンツ（Fanz, 1961）の実験をみてみよう。対象となったのは、生後1週から14週の乳児であった。乳児は、ベビーベッドに仰向けに寝かされ、2つのボードに描かれたパターンが見せられた。パターンは、同一の三角形、十字と丸（面積が等しい）、同心円とストライプ（面積と輪郭の長さが等しい）、チェッカーボードと正方形、という4つの組み合わせである（図1-2a）。組み合わせは、30秒ずつ2回提示されたが、2回目は左右の位置を逆にし、左右の好みが影響しないようにした。その結果、同一の三角形、十字と丸の組み合わせには、見る時間に差はなかった。しかし、多くの乳児はストライプよりも同心円、正方形よりもチェッカーボードを長く見た。図1-2bは、注視の割合の月齢による変化の様子である。このように、チェ

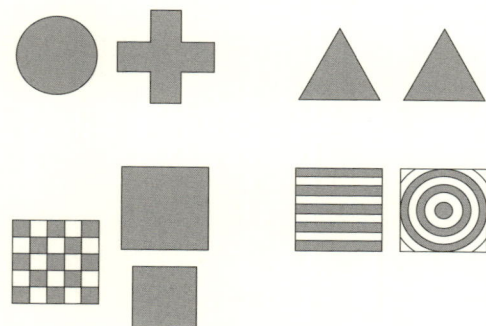

図1-2a ファンツの実験で提示された図形
（杉村・坂田, 2004より）

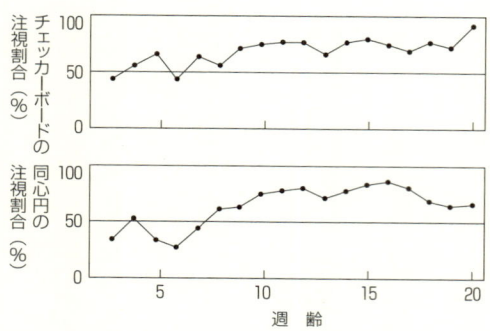

図1-2b 対提示されたパターンに対する選好（チェッカーボードと正方形におけるチェッカーボードの注視割合、同心円とストライプにおける同心円の注視割合）の発達曲線（杉村・坂田, 2004より）

24　第1章　最初期の発達：冒険者たちの旅立ち

ッカーボードと同心円の選好は8週あたりからはっきりしてくる。この実験から、生まれて間もない乳児も、図形パターンを区別していること、そして、視覚的な選好がすでに存在するということが示唆される。

（2）聴　　覚

乳児は、視力よりも聴覚のほうが発達しているようだ。聴覚は母親のおなかにいる頃から機能しており、生後数日には見知らぬ女性の声よりも母親の声を好む。また、不協和音を嫌い、協和音を好む傾向がある。

乳児は音韻も区別できるようだ。たとえばpとbという音素は、有声音か無声音かの違いを除けば音の成分は同じである。このような微妙な違いしかない音素を乳児は区別できるのだろうか。エイマスら（Eimas et. al., 1971）の実験をみてみよう。対象となったのは生後4ヵ月の乳児であった。乳児がおしゃぶりをすっているときに、スピーカーから一定の間隔でpa pa pa paと繰り返し音が出てくる。乳児は注意が高まるとおしゃぶりを吸う速度（吸啜反応率）が増加するが、次第になれて（馴化）、速度が減少する。次に音をba ba ba baと変化させる。もし乳児が音素の違いを区別できるならば、新規の音に注意が高まり、吸啜反応率が増加すると考えられる。結果は図1-3に示されるように、音

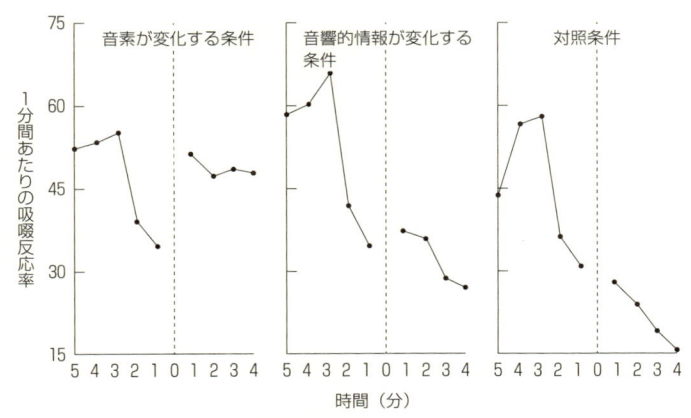

図1-3　乳児の音声知覚を調べる実験（内田，2005より）

第1節　赤ちゃんは何をどこまでわかっているのか？　　25

響変化群（前後で同じ音素だが音の響きを変えた群）および統制群（前後で同じ音を聞かせる群）では吸啜反応率が増加しなかった（脱馴化が生じなかった）。しかし、音素変化群（papapapa の後 babababa など、前後で音素を変化させた群）では吸啜反応率が増加した（脱馴化が生じた）。つまり、4ヵ月の乳児も、微妙な音素の違いを区別できるのである。

（3）嗅覚と味覚

研究が少ないが、苦い味よりも甘い味を好み、他人の母親よりも自分の母親の母乳のにおいがするものを好む。味覚や嗅覚も乳児期から機能しているということがわかっている。

（4）感覚間協応（共感覚）

色を見ただけで音が聞こえる、匂いから「ざらざらした感触」を感じるなど、異なる感覚が同時に生じることを感覚間協応という。乳児が視覚と触覚の協応関係を持つことを示したメルツォフら（Meltzoff & Borton, 1979）の実験をみてみよう。対象となったのは生後1ヵ月の新生児である。実験には、図1-4a のような、小さく固いゴムのおしゃぶりが用いられた。片方はこぶのないおしゃぶり（普通のおしゃぶり）、片方は表面に8つのこぶのついたおしゃぶり（いぼいぼ

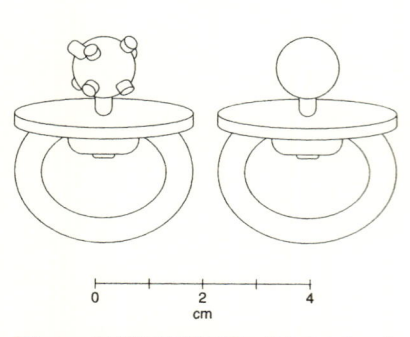

図1-4a　共感覚の実験で用いられたおしゃぶり（杉村・坂田, 2004より）

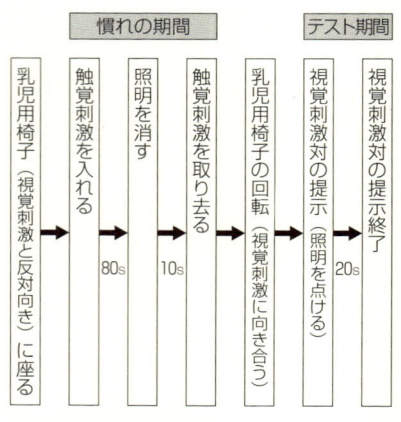

図1-4b　実験の手順（杉村・坂田, 2004より）

おしゃぶり）であった。実験の手順は図1-4bに示す。２つの実験の結果、表1-2に示されるように、32人のうち22から24名が、触覚的な刺激と対応した形のおし

表1-2 触覚探索した刺激と対応した視覚刺激を長く注視した乳児と、非対応の視覚刺激を長く注視した乳児の数（杉村・坂田，2004より作成）

	人数	対応した形を長く注視	非対応した形を長く注視
実験1	32	24	8
実験2	32	22	10

ゃぶりを長く見た。乳児は、形を弁別できること、触覚的に知覚したイメージを（短期間）覚えていること、視覚的知覚と触覚的知覚を関係づけることができることが示された。つまり、乳児に感覚間協応があることが示唆されたのである。

3．赤ちゃんの理解する物理学と算数

　乳児は、外界をどのように理解しているのだろうか。19世紀の哲学者のウィリアム・ジェームス（William James）は、乳児は世界を「がやがやした混沌」として受け取っていると表現した。しかし、近年は、乳児は自分たちをとりまく世界を、ある程度秩序だったものとして認識していることがわかってきた。乳児が物理的世界と数の概念についてどのように理解しているのかをみていこう（ちなみに、乳児が相対性理論や高度な数学を理解している、という意味ではない）。

（1）物　　理

　物理的な世界の基本原理の一つは、(1)ものが存在し、(2)空間の一定の位置を占め、(3)そこに他のものは同時に存在できない、(4)もし他のものと重なれば空間的に前後に配置されている、ということである。乳児はこれを理解しているのであろうか。日常の行動では、お菓子の上に布を被せてしまうと、乳児はそれがなくなってしまったかのように手を出さなくなってしまう。よって、上記の初歩的な物理学を理解しているようにはみえないのだが、実験によって乳児の有能性が明らかになってきた。

　ベラルジョンら（Baillargeon, Spelke, & Wasserman, 1985）は、生後４～５ヵ月の乳児に対し、見えなくなってもものが存在し続ける理解力があるかどうかを調

図1-5a　起こりうる事象（杉村・坂田，2004）

図1-5b　起こりえない事象（杉村・坂田，2004より作成）

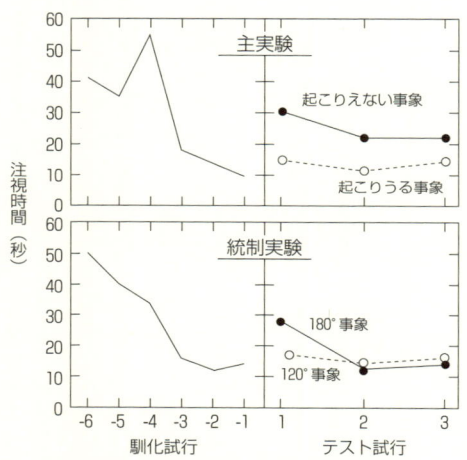
図1-5c　主実験と統制実験における馴化試行とテスト試行での乳児の注視時間（馴化試行は基準に到達した試行から逆に数えた）（杉村・坂田，2004より）

べた。実験の手順としては箱がない状態でスクリーンが180度回って戻る事象に馴化させたあと、起こりうる事象（図1-5a）と起こりえない事象（図1-5b）を提示した。もし乳児が「箱はスクリーンに覆われた後も同じ場所に存在し続ける」、「スクリーンは箱によって占められた空間を通り抜けることができない」と理解しているならば、起こりえない事象を「新奇な事象」とみなし、起こりうる事象よりも長く見ると予想される。乳児は親の膝の上にすわり、スクリーンが180度回って戻る事象を連続して注視した。その後、起こりえない事象と起こりうる事象が交互に3回ずつ提示された。なお、スクリーンが「180度傾くこと」ことのほうが「120度傾くこと」よりも乳児にとって興味深い可能性があるので、統制実験として、同じ月齢の乳児に対し、スクリーンの横に箱が置かれた状態で、180度回る事象と120度回る事象も用意された。結果は、図1-5cのように、起こりえない事象は、起こりうる事象よりも、長く見られた。一方、スクリーンが180度回る事象と120度回る事象に注視時間の差はなかった。以上から、物が覆われても存在し続けることを、5ヵ月児は理解していることが示唆された。

（2）算　　数

1＋1は？　2－1は？　まさか乳児がこれらの計算ができるとは、最初は

誰も思っていなかった。しかし、初歩的な算数ができることが実験により明らかになっている。

ウィン（Wynn, 1992）の実験を見てみよう（図1-6）。対象の5ヵ月児は、「1＋1グループ」、「2－1グループ」にランダムに分けられた。「1＋1グループ」の乳児は、まず、何も置いていないディスプレイエリアの上に1つの対象物を見せられた。ついで、小さいスクリーンを回転させながら上げ、対象物が隠された。そして実験者はディスプレイエリアから2番目の対象物を持ってきて、スクリーンに隠されたところに2番目の対象物を置いた。「2－1グループ」の乳児も同様の手続で、2つの対象物から、実験者が1つを持ち去るという状況を見せられた。その後、スクリーンが下向きにおろされ、ディスプレイケースの中に1つあるいは2つの対象物が置かれていた。半数の乳児は1、2、1、2、1、2の順で提示され、残りの乳児は反対の順番で提示された。1＋1を理解しているならば、正しい答え「2」の場合には興味をもたず、予想外の答え「1」の場合は「2個あるはずなのに1個しかない」ということになるので

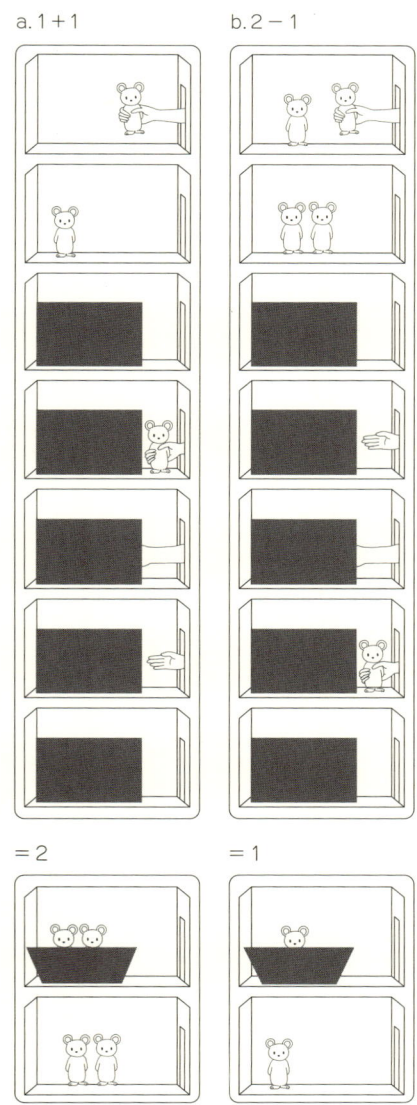

図1-6　ウィンの足し算・引き算実験の刺激
（Wynn, 1992, 旦, 2009より作成）

第1節　赤ちゃんは何をどこまでわかっているのか？　29

驚くと予想される。その結果、予想外の答え（正しくない個数）の場合、驚きを示した。ただし、この実験だけでは、1＋1と2－1を計算できているのではなく、「何かが加えられると1ではない数になる」、「2つのものから1つひかれると2ではない数になる」という理解の可能性がある。そこで4ヵ月児に対して追加の実験も行われた。手続は同様であるが、最後の結果のところが、1＋1の足し算の結果として2および3が見せられた。その結果、足し算の結果が3のほうが、2よりも、驚きを示した。このような生得的ともみられる計算能力は、その後の算数的知識の発達の基礎となると考察されている。

4．赤ちゃんの理解する道徳

　乳児は、人間の特性を区別できるのだろうか。たとえば、我々は、他者と接するとき、「いい人か」、「悪い人か」を（無意識のうちに）判断することがある。ハムリンたちの研究グループ（Hamlin, Wynn, & Bloom, 2007）は、生後6ヵ月と10ヵ月の乳児を対象に、その人間の特性の判断について擬人化された動きを見せることで検討した。まず、乳児は、主人公となる図形、丸（●）が一生懸命坂を登ろうとしては失敗して坂から滑り落ちてしまう動きを見せられる（図1-7a）。そのあと、図1-7b、cのような2つの動きを見せられる。図1-7bは、坂を登ろうとしている丸を、三角が下から押している援助者条件、図1-7cは、坂を登

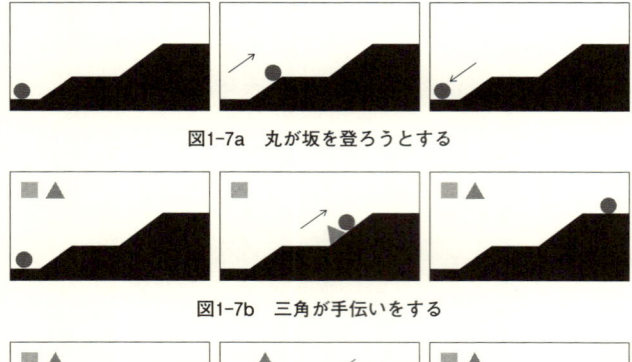

図1-7a　丸が坂を登ろうとする

図1-7b　三角が手伝いをする

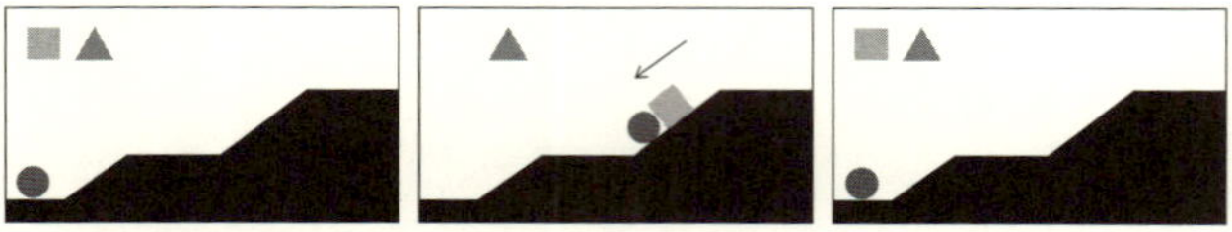

図1-7c　四角が邪魔をする　（板倉，2007より動きのイメージ図を作成）

ろうとしている丸を四角が上から押している妨害者条件である。このような一連の動きを見せた後、今度は、子どもの前にさきほど登場した三角と四角のフィギュアをならべる。乳児は興味のあるもの、好きなものに手を伸ばす傾向があるので、三角と四角のどちらか一方に手を伸ばす（リーチングする）ならば、2つを区別しており、かつ、手を伸ばしたほうを好んでいるということになる。もちろん、四角と三角の行動の特徴ではなく形自体の好みが影響する可能性があるので、援助者条件と妨害者条件で使われる形状は逆バージョンも用意されている。リーチングを計測した結果、多くの乳児は妨害者よりも援助者のほうに手をのばし、好むようだ。この実験から複数のことが推測できる。まず、乳児は、丸、三角、四角といった単純な図形の動きから、意図や目標を見いだし、擬人化を理解した。そして、擬人化された図形の行動が、ポジティブなのかネガティブなのかを区別した。このような結果は、乳児も一種の道徳的センスを持っているということを示唆する。

5. まとめ

　かつて、乳児はほとんど目が見えず、外界を組織立って理解していない、「無能な存在」と考えられていた。本節では「無能な乳児」の常識を覆す「有能な乳児」の証拠を紹介した。しゃべることのできない乳児の能力を引き出すための実験方法を利用することによって、乳児の知覚能力、初歩的な物理学、算数、道徳の理解が示された。乳児の見ている世界は、混沌とした意味のないものではなく、特定の視点で切り取ったものなのだといえるだろう。

　生後数ヵ月において示されるこれらの能力は、児童期以降にみられる「勉強」によって得られた知識と同列に扱うべきではない。生得的ということばで片付けてしまうのは危険であるが、少なくとも、ある種の知識は非常に素早く得られるように生まれついているということはいえそうである。

　巧妙な実験を考案して乳児のさまざまな能力を発見することは、魅力的な作業であり、発達心理学の醍醐味である。しかしながら、「なぜ乳児がこのような能力をもっているのか」、「発達においてそれはどのような意味があるのか」

ということも常に考えてほしい（答えの出ていない、今なお難しい問題である！）。次節では、乳児のさまざまな特徴が、人間の生涯にわたる発達においてどのような意味があるのかについて考えていくことにしよう。

第2節　乳児の有能性と学びの基礎とは？

　前節で、乳児の能力についてみてきたが、実験を通して、乳児が一貫して好む「あるもの」の存在が明らかになってきた。その「あるもの」とは、「人間ぽいもの」なのだ。

1．赤ちゃんは人間が好き
（1）顔らしい配置
　ファンツ（Fantz, 1958）の実験を見てみよう。対象は生後5日以内の新生児と生後2〜6ヵ月の乳児であった。乳児は寝かされ、数種類の図版が2枚ずつ提示された。図1-8は、提示された図版と、それぞれの図版の注視時間の割合である。このように、乳児は、色を塗っただけの無地の図版よりも、マトやアルファベットのような、情報量の多い図版を長く見る傾向があった。しかしながら、最も注視の割合が高いのは、ヒトの顔のような図版であった。乳児は、生まれて間もない時期から、人間の顔に近いものを好むのである。

（2）バイオロジカル・モーション
　では乳児は、人間の体全体についても認識できるだろうか。つまり「人間らしいかたち」や「人間らしい動き」がわかるのだろうか。大人ならば、バイオロジカル・モーションとよばれる生物や動物の動きと、ボールが落下する

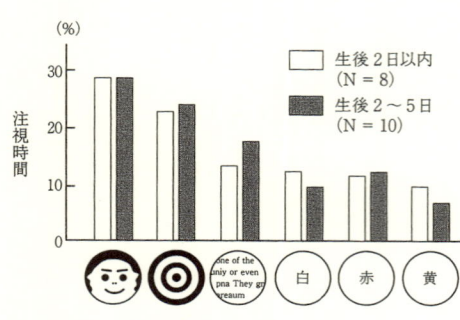

図1-8　乳児の選好注視（Fantz, 1961より作成）

32　第1章　最初期の発達：冒険者たちの旅立ち

ときのような物理的な動きを区別できる。一般的なバイオロジカル・モーションの実験では、人が歩くときの身体の重要なポイントを11個の光点だ

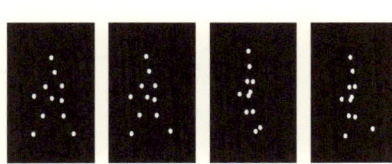

図1-9　バイオロジカルモーション（歩行）の一例（平井, 2010）

けで表したものを用いる（図1-9）。たった11個の光でも「人間の動きだ」とわかる。一方で、何十個の光点が装着されたとしても、身体が静止していればランダムな点としてしか知覚されない。実際にその映像を見てみたい人は、YouTubeでバイオロジカル・モーションと検索すると、見ることができるので確認してみよう。

たとえば、3ヵ月の乳児でも、バイオロジカル・モーションの特徴を備えた動きとそうではない動きを区別する。乳児はまとまりなく動く運動やランダムな光点よりも、バイオロジカル・モーションのほうを、長く注視するのである。

2. 赤ちゃんはコミュニケーションを求める

これまでみてきたように乳児は人間らしい顔や動きが好きだということのみならず、相互交渉を求める存在であることもわかってきた。

(1) 新生児模倣

メルツォフら（Meltzoff & Moore, 1977）のいわゆる「あかんべえ実験」は、生後数日の新生児が大人の舌や口の動きを模倣するということを示した。実験では、図1-10aのような大人の表情を、生後12-17日の新生児が模倣するかどうか調べられた。模倣していると

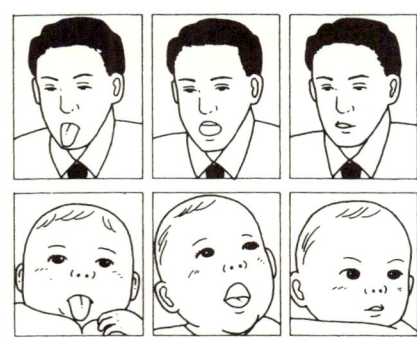

図1-10a　生後2－3週齢のヒトの乳児の模倣反応。(a)舌の突き出し、(b)口の開閉、(c)唇の突き出し（Meltzoff & Moore, 1977 より作成）

第2節　乳児の有能性と学びの基礎とは？

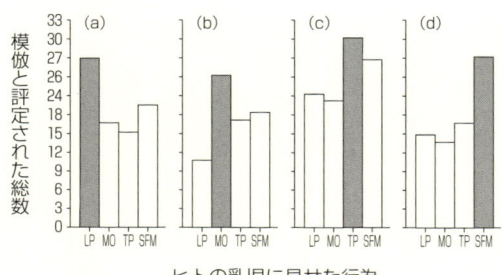

図1-10b　ヒトの乳児に呈示した行為ごとの模倣の総数、斜線棒は模倣反応を示している。(a)唇の突き出し（LP）、(b)口の開閉（MO）、(c)舌の突き出し（TP）、(d)継続的な指の動き（SFM）に対して、乳児が示した反応についての評定（杉村・坂田, 2004より）

評定された総数を表したものが図1-10b である。この模倣は、新生児模倣とよばれる。これが模倣なのか、共鳴しているのかは議論があるところであるが、顔のまねというのは、実際には高度な能力が必要である。相手の顔からピンク色の何かが出てくるのを見て、自分の体のどの部分をどのようにすれば同じ行動になるのか、ということを理解するのは、実は難しいはずだ。いずれにせよ乳児がつられるように同じ動作をすることは確かなので、相手に自分の行動をあわせているという意味では、社会的反応といえるだろう。

(2) 対応を求める乳児

乳児はまた、自分の行動に応答されることを好む。そのため乳児は自分の笑い顔に対して母親が表情のない顔を見せると、不機嫌になったり泣いたりする。また、これは母乳の飲み方にもみられる。母乳の飲み方を詳細に観察すると、人間特有のパターンが見られる。一般的に霊長類の赤ちゃんでは、規則正しくミルクを飲む。生存において栄養摂取は何よりも重要視されるべきことがらであるので、これは当然のことであろう。しかしヒトの乳児では、必ずしも規則正しく乳を飲むのではなく、時々「止まる」。その間、乳児は養育者を見ている。この間、栄養摂取がなくなるわけであるから、生物としては都合が悪い。栄養摂取を後回しにしても養育者を「見る」という行為は、他者とのコミュニケーションを重視する乳児の特徴を示すものと解釈できる。

乳児の視力が悪いことも、養育者とのコミュニケーションをとるために一役買っている。目が悪いことにより、近くの刺激に注意が集中する。つまり、「じっと見つめる」のである。養育者の側からはこのような乳児の様子はどのよう

に写るか、考えてみよう。乳児は自分をじっと見つめている。ミルクを飲んでいるときもときどき自分を見つめる。こちらの表情に敏感に反応する。こちらが笑いかければご機嫌になり、あまり反応しないと不機嫌になる。養育者は、乳児とコミュニケーションをとりたくなるのではないか。つまり、乳児は養育者から反応を「引き出している」のである。

(3)前言語的なコミュニケーション

コミュニケーションは、一方的に働きかけるだけでは成立しない。聞き手、話し手、聞き手、話し手、というように、順番を交代していくキャッチボール形式に支えられている。相手と話題を共有し、持続させるという会話が2人の協力で成り立つ構造をターン・テイキングとよぶが、まだことばを話すことができない乳児と養育者とのかかわりの中にも、既にこの構造がみられる。養育者は、乳児の反応に即した声のリズムやトーン、表情、手の動きなどで応答することによって、はたからみると、二者の間にはターン・テイキングが成立しているようにみえる。

もちろん、乳児はことばを話すための準備を着々とすすめている。生後1ヵ月頃になると、穏やかでリラックスした状態での発声が始まる。2ヵ月頃からは、高さ、強さ、長さ、リズムを変化させた発声が出てくる。生後半年頃から、「ぱ、ぱ、ぱ」や「ま、ま、ま」のようなリズミカルな反復喃語が多くなる。喃語にはあらゆる言語の音韻が含まれており、喃語の発声を通して、乳児はどのような言語も習得できるように準備する。その後、少数の音声を用いた意味のある初めてのことば（初語）が現れ、ことばを使ったコミュニケーションが始まるのである。

(4)生理的早産

なぜ人間の赤ちゃんは、このように人に対して高い感受性をもって生まれてくるのだろうか？　この問いに対し、動物行動学者のポルトマンの「生理的早産」の仮説は示唆に富む（ポルトマン，1961）。

たとえばウマやキリンなどのほ乳類と比較して考えてみよう。それらの出産シーンをテレビなどで見たことがあるだろうか。生まれてほどなく自分の足で

立ち上がり、親のところに行って乳を吸うことができる。その一方、人間の赤ちゃんが歩いたり、コミュニケーションの手段として言語を発し始めるというような状態に達するのは、生後1年前後を経てからである。また、高等ほ乳類の赤ちゃんは、大人とプロポーションが同じ、つまり大人のミニチュア状態で生まれてくるのに対し、人間の赤ちゃんは、大人とはずいぶん形がちがう（図1-11）。人間の赤ちゃんは、他のほ乳類と比べると非常に特殊な存在なのである。

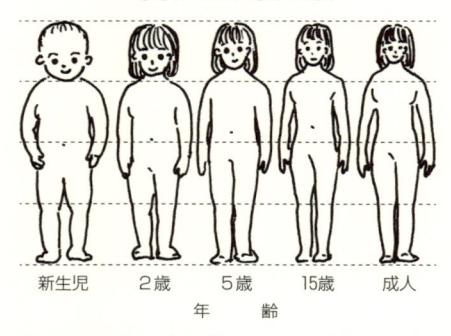

図1-11　身体のプロポーションの変化（Sinclair, 1978；バターワース・ハリス，1997より作成）

　人間は1歳になってようやく、ほ乳類が生まれたときに実現している発達状態にたどり着くのだから、本来あと1年、胎児は母胎内にいる必要がある。しかし、進化の過程で二足歩行によって母親の骨盤が縮小したため、1年はやく生まれたというのが生理的早産なのである。

　自力で移動できないという未熟さのため、人間の乳児は、他者から養育行動を引き出さなくてはならない。つまり、養育者を自分のところに引き寄せなくてはならない。人間らしい刺激に敏感だということは養育者を探し出せるということである。距離をおいた状態での、視聴覚を中心とした親子間コミュニケーションが、人間の特徴といえる。

3. コミュニケーションの変化

　これまで、人のコミュニケーションの萌芽をみてきたが、次に「9ヵ月革命」や「奇跡の9ヵ月」などとよばれている、生後9ヵ月前後の変化を中心に紹介していく。大人と乳児とのやり取りにおいて何が生じ、またそれが人間の発達においてどのような意味をもつのかみていこう。

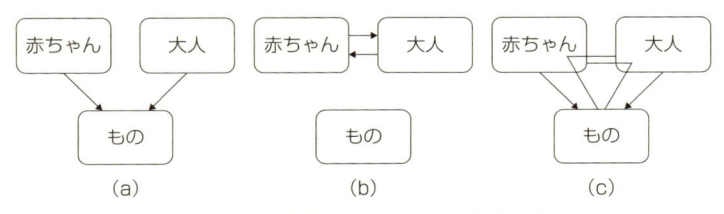

図1-12　二項関係（a、b）と三項関係（c）

（1）間主観性

　乳児は生後すぐから情動を表出するが、最初は他者に向けて「うれしい」「痛い」などを伝えようと意識している訳ではない。しかし、大人は子どもの様子の背後に子どもの「気持ち」を読み取り、応答する。「痛かったのね、ごめんね」「びっくりしたね」「うれしいねえ」などのように。

　二者間で何らかの観念や気分を共有する共感性に近い概念を間主観性という。9ヵ月より前の段階では、まだ大人が間主観性を一方的に構築している段階である。なぜなら、乳児は二項関係しか理解できないからである。二項関係とは、自分-もの、自分-おとなというように、二者の関係のみの表象である。右手でおもちゃを持っているときに、もう一つおもちゃを渡されると、最初のおもちゃを落としてしまうことがあるが、これは自分と一つのおもちゃ、という二項的なかかわりしかできないからである。しかし、9ヵ月前後から、乳児は三項関係の表象を理解するようになる。三項関係とは、自分、大人、物の三者を同時に認識することである。図1-12は二項関係と三項関係の模式図である。

　三項関係の理解にともない、乳児は指差し、そして指差しの方向を他者が注視しているかどうかをふりかえって確認するようになる。このような指差しは、他者が自分と同じ対象に注意や関心を向けていることに乳児が気づいていることを示すだけではなく、乳児が他者を、注意や関心などをもった内的世界を持つ存在として認識し始めたことを意味する。

（2）共同注意の意味

　発達において、三項関係は重要である（この時期の乳児の変化を「奇跡」とまで表

第2節　乳児の有能性と学びの基礎とは？

現するのはこのためである)。なぜなら、三項関係によって人は外界に関するアイデアを共有することができるからである。三項関係の代表的なかかわりであるところの共同注意では、対象物に対する社会的意味を学ぶ機会を提供する。子どもは大人と注意の対象を共有し、対象物に関するメッセージを自分から伝えることもあるが、大人が発するメッセージもまた受け取る。たとえば、大人が発する「すごいねえ、素敵ねえ」、「だめ！　きたない！」などのことばは、物理的な対象にネガティブな意味やポジティブな意味など、社会的意味が重ねられていく。つまり、子どもは、対象物そのものを認識するのみならず、大人、あるいはその背後にある文化が持つ対象物の「意味」を理解するのである。共同注意とは、他者と世界を共有していくことなのだ。

　このような三項的なかかわりは、系統発生的にみるとヒトのみにみられるものであるようだ。チンパンジーは他者が何を見ていて、何を意図しているのかを理解することができる。食べ物の要求が中心ではあるが文を作ることもできる。しかし、人間の乳児のような三項関係の理解はできない。これは、ヒトとチンパンジーの生物学的基盤の差でもある。そのような生物学的要因だけではなく、ことばを話す前の乳児に対しても養育者が間主観的に接するという養育態度もまた、乳児の三項関係の理解に大きな役割をもつ。

4. まとめ

　乳児は人間が好きであり人間とコミュニケーションをとろうとする。道徳的センスももっているらしい。そしてそのコミュニケーションが発達と学習において決定的に重要であることを考えると、赤ちゃんは戦略家であるという比喩を用いるのも大げさなことではないのかもしれない。

　本節で紹介した研究結果から推測できることは、人間は「学ぶように生まれている」ということである。どのような環境にも適応できるように、学びに開かれた存在として生まれる。他者からの反応を引き出し、自らも積極的に反応する。人間は学ぶように運命づけられているからこそ自由な存在であるとも言えるのではないだろうか。

第3節　発達において取り返しのつかない時期はあるのか？

　発達においては、「この時期を逃すと取り返しがつかない」というような時期はあるのだろうか。「三つ子の魂百まで」ということわざがあるように、小さいときの経験がその後に大きな影響を及ぼすと考えている人は多いように思える。本節では、乳幼児期の経験がどこまでその後の発達を規定するのかという問題を扱う。

1．3歳児神話再考
　3歳児神話ということばを聞いたことはあるだろうか？　これは、「人間の子どもは3歳まで母親に愛情豊かに育てられるべきである」というもので、別の言い方をするならば、3歳まで母親に育てられない、あるいは、よくない育て方をされたらその後たいへんなことになる、という意味である。神話、というくらいであるから、科学的な事実に基づいているという訳ではないが、今なお多くの人が信じている（ようだ）。なぜ「3歳」なのかということについては、1970年代以降の政府の政策やテレビの普及などが背景になっているといわれるが、1971年に出版された『幼稚園では遅すぎる：人生は3歳までに作られる』という本の与えた影響も大きい。しかし、もし、3歳児神話が科学的に正しくなく、いたずらに働く母親やその家族に罪悪感を与え、女性の就労が抑制されて経済成長を損なうことにまでつながるとしたら、この神話は個人にとっても社会にとっても大きな損失である。

2．発達の臨界期
　発達初期のある特定の期間に与えられた特定の経験が、後の発達に対して決定的な影響を及ぼすときに、その経験は初期経験、特定の期間は臨界期とよばれる。
　このような概念が注目されるようになった背景には、インプリンティング（刻印づけ）という、主に鳥類に見られる現象がある。インプリンティングとは、

ガン、カモなどの鳥類においてみられる、孵化前後の短時間内に接触した刺激対象に対して、ヒナがその対象への追従反応を示す行動である。親鳥の後をよちよちとついて歩くヒナの動画を見たことがある人も多いであろう。通常は初めて見る刺激は親鳥であるが、何らかの事情で人間やおもちゃなどを見てしまうと、その後をどこまでもついて歩いてしまうということも生じる。このインプリンティングには、臨界期が存在すること、不可逆性の特徴をもつといわれている。つまり、特定の時間内に親鳥と接触しなければインプリンティングが成立せず、かつ、それはその後修正がきかない。

初期経験の重要性は、その他特定の縞模様しか見ることができない状態で飼育された猫の正常な知覚発達が阻害されることや、隔離飼育されたサルが不適応行動をとるなどの実験や観察によっても確認されていった。また、おもちゃや他の個体と一緒に飼育されたラット（環境刺激が豊かな条件）、1匹で育てられたラット（環境刺激が乏しい条件）、普通の条件のラットを比較したところ、環境刺激が豊かな条件のラットの脳が成熟していることが示された（図1-13）。

以上のような実験の結果は、「まだ頭の柔らかい赤ちゃんに適切な刺激を与えるべきだ」、さらには「ある年齢を超えると取り返しがつかなくなるかも」という考え方につながっていく可能性が、確かにある。

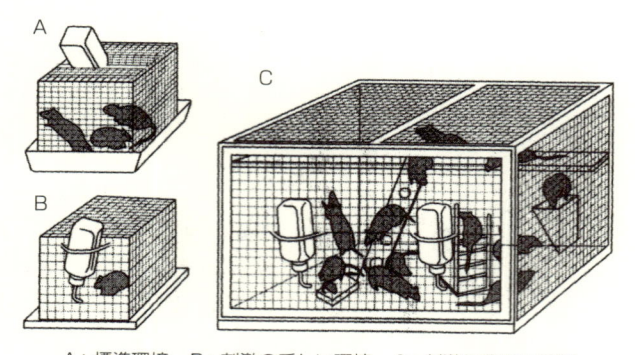

A：標準環境　B：刺激の乏しい環境　C：刺激の豊富な環境
図1-13　異なった飼育環境（Rosenzweig et al., 1962より）

ではそれぞれの結果を詳細にみていこう。そもそもこれらの実験は、動物を対象としたものであり、人間にどこまで適用できるか疑問は残る。たとえばインプリンティングについてはどうだろう。実は、人間やおもちゃなどを含めてどんな対象にもインプリンティングが可能であったのは人工孵化の条件下であった。また、ネコの実験でみられたのは知覚発達であったことからもわかるように、言語、知能、社会性ではない。知覚発達で臨界期が現れたとしても、知能にも臨界期があるといってよいのだろうか？　先述のラットの研究については、ラットの日齢が人間において何歳にあたるのかということを考えて結果を解釈する必要がある。ラットは45日程度で生殖可能になるが、実験に使用されたラットは、人間にあてはめるならば児童期から成人期を対象とした実験であった。つまり、この実験から、豊かな環境で育てるのが望ましいことはいえたとしても、幼少期の環境が発達に影響を与えるとは結論づけられないのである。

3．愛着理論からソーシャルネットワーク理論へ

　3歳児神話の根拠としてよくも悪くも引き合いに出されるのが、愛着理論である。愛着はアタッチメントと表現されることがあるが、特定の他者との間に築く情緒的絆のことである。日常用語としての愛着、つまり、何かに気持ちを注ぐというような感情を表すことばではない。いずれにせよ、母親と子どもの絆が子どもの発達において重要であるという認識が共有されているからこそ、3歳児神話に信憑性を与えるのである。では愛着理論とはどのようなものなのかということから、確認していこう。

（1）愛着理論の概要

　愛着理論が生まれた背景には、1900年代初頭のホスピタリズムの研究がある。幼少期の長期の施設入所が子どもの心身の発達に悪影響を与えるというホスピタリズムは、実際には人と物の両方の刺激の乏しさによって生じる現象である。よって、養育放棄のような大人との交流の乏しい状態では、家庭においても同じ症状が現れる。ボウルビィ（J. Bowlby）は、母性的養育の重要性を唱え、進化論や動物行動学などの枠組みも利用して、養育者との関係が後の発達に及ぼ

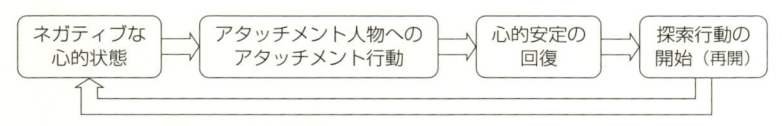

```
[ネガティブな心的状態] → [アタッチメント人物へのアタッチメント行動] → [心的安定の回復] → [探索行動の開始（再開）]
```

図1-14　愛着の発動時の行動サイクル（福田, 2012より）

す影響を理論化した。

　ボウルビィによれば、愛着とは危機的な状況で特定の対象との近接を求め維持しようとする個体の傾向である。具体的には怖いことや不安なことがあると誰か他者のそばにいたいと思う気持ちを思い出してみるとわかりやすいかもしれない。そして愛着がどのように「発動」するのかを示したのが図1-14である。何らかのネガティブな心理状態からスタートし、そのような状態に陥った子どもは愛着対象に対して愛着行動をとる。愛着対象は、子どもにとって安全基地の機能として働くものである。愛着行動には、泣きや微笑みなどの発信行動、後追いや接近などの定位行動、抱きつきのような身体接触行動がある。そして、心的安定が回復すると、子どもは再び探索行動を開始するのである。

　また、最初愛着対象の人物は複数人であるが、そのうち、その中の一人（多くの場合母親）を主要な愛着対象として選ぶようになるという。そして、生まれたばかりの乳児は、潜在的に開かれたいくつもの発達の経路をもっているが、環境との相互作用を通して、その一つの経路にそって発達していく。つまり、乳児がどの経路をたどるかは、置かれた環境、特に、養育者からどのような扱いをうけるかによって決定されるのだ。

（2）内的ワーキングモデル

　人生の初期の愛着が後のパーソナリティの発達に大きく影響するということを説明するための理論的装置に、内的作業モデルがある。内的作業モデルとは、人が未来の状況を予測し、さまざまな行動の選択肢を精査するさいに用いるものである。ボウルビィによると、子どもは愛着対象との経験に基づき、自分の周りの世界や自分自身についての内的作業モデルを構築し、そのモデルによって、自分の行動や感情を解釈し、制御するのである。さらに、内的作業モデル

は、基本的に修正することが難しく、早期に作られたモデルはその後の対人関係の核となっていく。

(3) ストレンジ・シチュエーション

愛着に個人差はあるのだろうか？　エインズワース（M.D.S. Ainsworth）は、乳児にとって愛着対象が安全基地としてどの程度機能しているのかということの差を調べるために、ストレンジ・シチュエーション法を開発した（図1-15）。具体的には、乳児が母親と別れ一人で残されるという状況を作り、図1-14における愛着発動の状態にする。そして母親と分離するときと母親と再会するときに、乳児がどのような行動をとるかを観察して、乳児の愛着行動の個人差を調べるのである。

愛着のタイプは、愛着行動が安定的に見られる安定型、回避行動が顕著な回避型、愛着行動を示すが抵抗行動も示すアンビヴァレント型があるとされた。その後無秩序型という行動も同定され、全部で4つに類型化されている（表1-3）。このような愛着の個人差は、親自身の愛着についての表象、子どもの気質、夫婦関係など複数の要因が絡んでいるが、乳児と養育者との相互作用の中で作られていく。

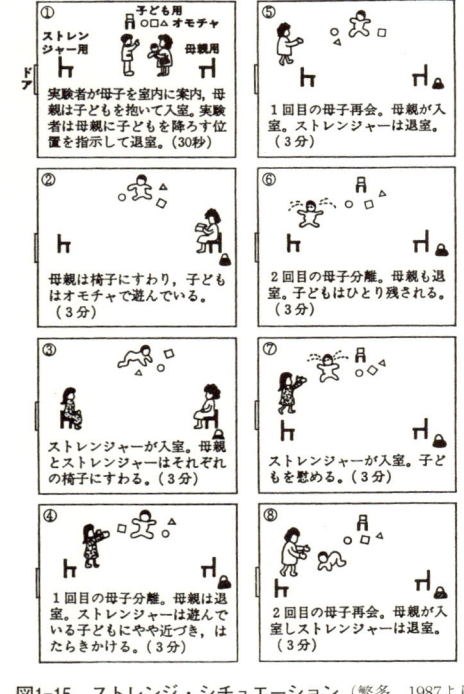

図1-15　ストレンジ・シチュエーション（繁多，1987より）

第3節　発達において取り返しのつかない時期はあるのか？

表1-3 愛着の4類型 (遠藤・田中, 2005より要約；榎本, 2011より)

	ストレンジ・シチュエーションにおける子どもの行動特徴	養育者の日常の関わり方
Aタイプ (回避型)	分離：泣いたり混乱を示すことがほとんどない。 再会：養育者から目をそらし、避けようとする。養育者が抱っこしようとしても子どもの方から抱きつくことはなく、抱っこするのをやめてもそれに対して抵抗を示さない。 探索：養育者とは関わりなく行動することが多く、養育者を安全基地としての探索行動はあまり見られない。	全般：子どもの働きかけに拒否的。子どもとの対面時、微笑むことや身体接触することが少ない。子どもの苦痛にはかえってそれを嫌がり、子どもを遠ざける場合もあり。 子どもとの相互交渉：行動を強く制止する働きかけ。
Bタイプ (安定型)	分離：多少の泣きや混乱を示す。実験者の慰めを受け入れる。 再会：積極的に身体接触を求め、容易に静穏化する。 探索：養育者を安全基地として、積極的に探索行動できる。	全般：子どもの欲求や変化などに敏感。子どもに対して過剰なあるいは無理な働きかけをすることが少ない。 子どもとの相互交渉：全般的に調和的でかつ円滑。遊びや身体接触を楽しむ。
Cタイプ (アンビヴァレント型)	分離：非常に強い不安や混乱を示す。 再会：養育者に身体接触を求めるが、その一方で怒りながら養育者を激しくたたいたりする（近接と怒りに満ちた抵抗という両価的な行動を示す）。 探索：用心深く養育者に執拗にくっついていることが多いため、養育者を安全基地として、安心して探索行動をすることがあまりできない。	全般：子どもが送出してくるアタッチメントシグナルに対する敏感さが低い。子どもの行動や感情状態を適切に調節することがやや不得手。 子どもとの相互交渉：肯定的なことも少なくないが、養育者の気分や都合に合わせたものも相対的に多い（一貫性を欠く反応、応答のタイミングの微妙なずれあり。）
Dタイプ (無秩序・無方向型)	全般：顔をそむけながら養育者に近づこうとするなど、近接と回避という本来ならば両立しない行動が同時に、あるいは継続的に見られる。不自然でぎこちない動き、タイミングのずれた場違い行動や表情を見せる。どこへ行きたいか、何をしたいかが読みとりにくい。時折、養育者の存在に怯えているようなそぶりを見せることあり。	全般：子どもをひどく怯えさせるような行動が多い（突発的に表情や声、あるいは言動一般に変調を来たし、パニックに陥るようなことがある）。虐待行為を含めた不適切な養育を施すことあり。

（4）ソーシャルネットワークの中での育ち

　愛着理論は、小さい子どもが養育者からたっぷりの愛情をうけて育てられることによって健全な発達がもたらされるだろうという我々の素朴な直観にフィットするものでもある。人間の発達において愛着が重要であることは正しい。たっぷりの愛情を注いで育てるほうがよいのは、言うまでもない。しかし、ごく初期の段階で人生の経路が決まってしまうと考えること、母親のみが特に重要視されるという点には批判もある。近年は、人間の発達を考えていく上で、新たな理論枠が注目されている。

　乳児は実際には、母親だけではなく、きょうだい、祖父母、仲間など、多様な人々とかかわりを持っている。ルイス（2007）のソーシャルネットワークモデルによると、乳児は生まれたときから複雑なソーシャルネットワークの中に取り込まれている。また、乳児は、他者に守ってもらいたい、世話してもらいたい、他者と遊びたい、他者から学びたいなど、他者に対して多様な欲求をもち、他者に多様な機能を付与している。つまり、自分を取り巻く人物と、その人物が果たす心理的役割とが結びついて、多様なタイプの人間関係が同時的に形成されるのである。もちろん、特定の人物がどの心理的役割を果たすのかは個人差がある（たとえばある子どもにとってお母さんが保護の役割、別の子どもにとってはお父さんが保護の役割、というように）。

　表1-4は架空の3歳の少女のソーシャルネットワークの内容を示したものである。左の列には、この少女のソーシャルネットワークを構成するメンバーが並ぶ。保護、世話、養護、遊び、勉強などの心理的機能の下にある数字は、それらの機能が出現する頻度である。機能ごとの具体的な行動は、これもまた子どもによって異なるが、この表の例では、世話の機能では食事や着替え、養護の機能ではことばによる愛情の表現、遊びの機能ではゲーム、かけっこなどがある。このように、特定の機能のみ、あるいは特定の人物のみが、人間関係を構成しているのではなく、多層的な人間関係の中で人間は成長していくと考えられる。また、自分を取り巻く人物と機能は、成長とともに増減するものである。

第3節　発達において取り返しのつかない時期はあるのか？

表1-4 架空の少女のソーシャルネットワークの内容 (高橋, 2010より)

ソーシャル・ネットワークの構成員	社会的機能					
	F_1保護	F_2世話	F_3養護	F_4遊び	F_5学習	… F_n
	$B_{11}B_{12}B_{13}$	$B_{21}B_{22}B_{23}$	$B_{31}B_{32}…$			… B_{nn}
P_1 ジュリア本人				10	20	
P_2 母	50	50	50	5	15	
P_3 父	5	5	20	10	15	
P_4 兄				15	15	
P_5 祖母						
P_6 祖父						
P_7 おば						
P_8 女児のいとこ						
P_9 女児の友だち				15	10	
P_{10} 女児の友だち				5	5	
P_{11} 男児の友だち						
…						
P_n						

数値はそれぞれの機能におけるそれぞれの構成員の活動の量を示している

4. 子どもは変わる、大人も変わる

(1) 子どもは変わる：虐待の事例から

　70年代初頭、養育放棄されていたきょうだい2人が保護された。姉は6歳、弟は5歳であったが、体つきは1歳代程度、一人で歩くこともままならない状態であったという。幼稚園の年長組、小学校に入学するくらいの子どもならば、疲れを知らず走り回るような時期である。栄養不良と他者との相互作用の圧倒的な不足が、これほどの発達遅滞を生んだのである。

　保護された後、医者や心理学者等による補償教育プログラムが作られ、さまざまな面からサポートされた。栄養の改善により、目覚ましい身体の成長が見られた。図1-16は、ふたりの身長の変化である。このように、あたかも凍結された能力が一気に開花するように、定型発達の子どもと同じパターンを短期間でたどり、みるみる成長をとげた。また、知力、言語能力、社会的能力も発達していった。これらの発達を支える要因として、サポートチームの心理学者は、担当保育者との愛着の形成が重要な役割を担っていると考察している。弟は、

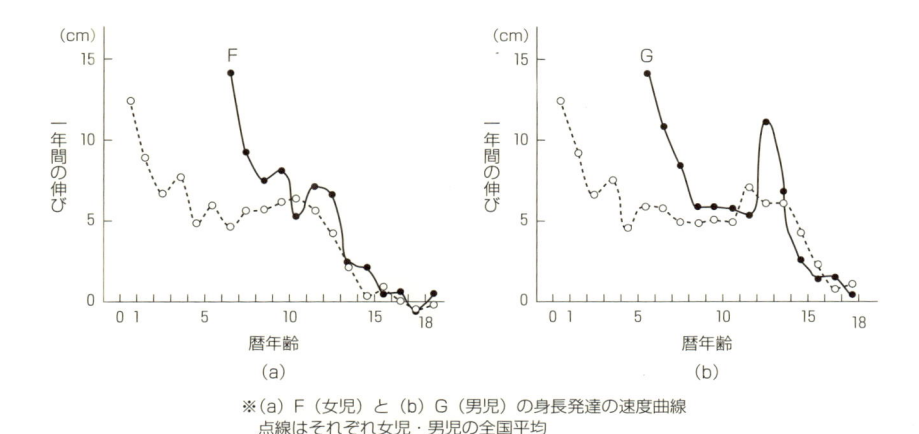

※(a) F（女児）と (b) G（男児）の身長発達の速度曲線
点線はそれぞれ女児・男児の全国平均

図1-16　養育放棄されたきょうだい2人の身長の変化（藤永他，1987；内田，2005より）

最初の担当者と愛着を形成できなかったが、2番目の担当者とよい関係を築くことができた。その後、弟の言語や社会性などが一気に成長したという。

きょうだいは、中学、高校と進学し、その後就職し、家庭をもった。その当時の心理学者と今もなお温かい交流が続いているという。彼らの成長の様子は、変化に応じて柔軟に対応していくという、人間の発達の可塑性を強く印象づけるものである。

（2）大人も変わる：親になる発達から

子どもの発達を考えていくとき、我々はつい、大人の側は完成されたものとしてみてしまいがちだ。しかし、親は生まれつき親なのではなく、親になっていくのである。自分が親になる前と後をくらべてどのような変化があったかをきいた調査では、表1-5のような人格上の変化や成長が現れている。また、このような親としての発達に性差はあるのだろうか。一次的養育者と二次的養育者を比較した興味深い研究がある。図1-17に示されるように、父親も一次的な養育責任を負う立場に置かれると、そうではない場合とは違って、母親に近い働きかけをするようになる。これらの研究から、子どもへの感情や行動は、男性か女性かということよりも、役割に依存すると考えられる。そこで、近年で

第3節　発達において取り返しのつかない時期はあるのか？

表1-5　親となることによる成長・発達（柏木, 2005より）

柔軟性	考え方が柔軟になった 他人に対して寛大になった いろいろな角度から物事を見るようになった
自己抑制	他人の迷惑にならないように心がけるようになった 自分のほしいものなどが我慢できるようになった 自分の分をわきまえるようになった
視野の広がり	環境問題（大気汚染・食品公害など）に関心が増した 児童福祉や教育問題に関心をもつようになった 日本や世界の将来について関心が増した
運命と信仰の受容	人間の力を越えたものがあることを信じるようになった 信仰や宗教が身近になった 物事を運命だと受け入れるようになった
生きがい	生きている張りが増した 自分がなくてはならない存在だと思うようになった
自己の強さ	多少他の人と摩擦があっても自分の主義は通すようになった 自分の立場や考えはちゃんと主張しなければと思うようになった

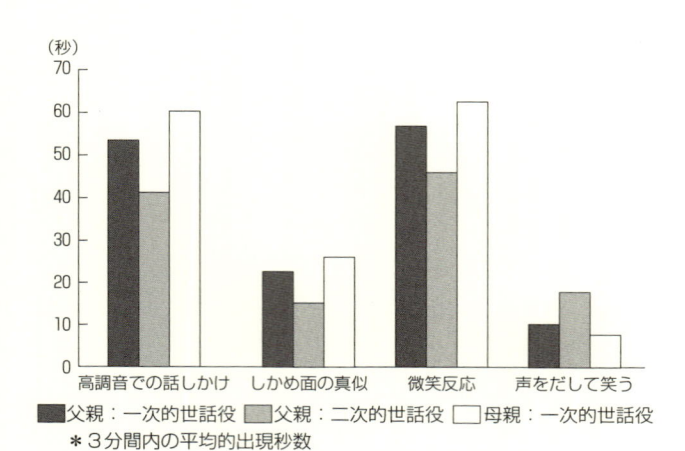

＊3分間内の平均的出現秒数

図1-17　役割の違いによる子どもへの働きかけの差異（Field, 1978；柏木, 2005より）

は、母性や父性ということばにかわって、養護性という用語が広く用いられるようになっている。

（3）なぜ人間の発達は可塑性が高いのか？

人間はごく幼い時期だけではなく、人生のあらゆる時期で変化する存在である。当たり前すぎてあえて考える人も少ないだろうが、そもそも大人と子どもの外見が大きく異なること自体、ヘンなことなのである。大人と同じ状態（せいぜいミニチュア状態）で誕生し、そのまま繁殖したほうが効率的であるのに、なぜ人間は「発達」するのか？　その答えは、遺伝と環境の相互作用の中で変化するという、発達の特徴それ自体にある。

鈴木（2008）によると、人間が発達する理由は、人生の中に複数の転換点を用意して、環境と相互作用する機会を増やすためである。つまり、どのタイミングでどのように次の発達段階へ移行するのかを、そのときどきの環境条件に応じて変化させて、環境に適合させていくほうが、あらゆる環境変化に適応しやすい。人間は、まさしくオーダーメードの人生を作り上げることができるのだ。

5. まとめ

ここで今一度、発達は生涯にわたる変化であるということを思い出してほしい。乳児の劇的な変化に目がいきがちであるが、子どもを取り巻く大人もまた変化する存在である。親は生まれつき親なのではなく、親として発達していくのである。70年代の虐待児の事例から示唆されるように、人間の発達の可能性は大きい。研究は、人間がいかに、あらゆる時期において、変化に応じて柔軟に対応していく存在であるのかを、豊かに示すものである。続く第2章では、子どもがどのように世界を拡大していくのかをみていこう。

ワーク

・**乳児の視力検査方法を考案してみよう**：図1-2aの図形を参考にして、馴化・脱馴化法を用いた、乳児の視力検査方法を考えてみよう。

・**共同注意が現れる親子のやりとりには、どのようなものがあるのか、具体例を考えてみよう。**
・**親の悩み相談に答えてみる**：ネット上の掲示板では、子どもについての悩み相談がたくさん投稿されている。たとえば次のような悩みについて、あなたはどのように回答するだろうか。この親へ「返信」するつもりで、答えてみよう。他の学生はどのように回答しているのかも見てみよう。

　「1歳の子どもを持つ母親です。働きに出たいと考えているのですが、いろいろな人から『保育園に預けるなんて子どもがかわいそう』、『発達は3歳までに決まってしまうので母親が育児をすべきだ』と言われ、悩んでいます。子どもを保育園に預けて働くことは、子どもの成長にとってよくないことなのでしょうか？」

【読 書 案 内】
「まなざしの誕生」下條信輔　新曜社　2006年：乳幼児研究の一般書として古典的な一冊。平易なことばで専門的な内容を解説している。赤ちゃんのまなざしについて書かれているが、筆者が赤ちゃんにむけるまなざしもまた温かい。発達心理学の可能性を実感できる本。
「おさなごごろを科学する」　森口佑介　新曜社　2014年：最新の知見が多く含まれた、乳幼児研究の切れ味あざやかなレビューとなっている。脳科学や進化心理学について学びたい人も一読してほしい。
「乳幼児は世界をどう理解しているのか」外山紀子・中島伸子　新曜社　2013年：本書では扱っていない記憶や生物概念などの研究テーマも含めて、乳幼児の研究が豊富に紹介されている。実験の楽しさが味わえる、刺激的な書。

【コラム：偏見を超えて】

　常識と思われていることもひとつひとつ疑いの目を向ける必要があること、実験結果から「いえること」と「いえないこと」を区別する必要があることを確認したい。我々がいかに偏見から逃れることが難しいのかということを理解するために、次の研究をみてみよう（Fry & Addington, 1984）。

　実験の対象者は教師やソーシャルワーカーのような発達の専門家と、専門外の人であった。全員が10歳の少年4人が家庭と学校で他の子どもたちとかかわり合っている様子を映したビデオを個別に見せられ、その後、それぞれの少年について、パーソナリティの評価や行動の予測をしてもらった。ここで重要なのは、3群に分けられた対象者は、ビデオを見る前にそれぞれ異なった偽の情報をあたえられていたということである。偽の情報とは、「離婚した父親が育てている少年」、「離婚した母親が育てている少年」、「両親がそろっている少年」であった。その結果、「両親がそろっている」と聞かされた対象者は、ビデオの少年に最もよい評価をした。「離婚した父親が育てている」と聞かされた対象者は、ビデオの少年に対し、他者とうまく交流できない、非行をする可能性が高いなど、最も低い評価をした。視聴した少年のビデオは同一であるにもかかわらず、事前の偽の情報（父親が育てたか、両親がそろっているか）により、少年の評価が変わった。なにより専門家も事前の（偽の）情報に判断が影響されることが示されたということは衝撃である。いかに我々がバイアスをもってものごとをみてしまうのかという事実を突きつけられる。

Chapter 02

幼児期の発達

魔法の森の仲間たち

> この章で扱うのは、幼児期である。第1節では、発達心理学の基礎を作り上げたともいわれるピアジェの理論を紹介する。そして、その後の批判とピアジェ理論の修正について解説する。続く第2節では、子どもがどのように他者の心を理解していくのか、第3節では、子どもがどのように自分というものを発見するのか、発達の過程を説明する。本格的な学びの始まる児童期の前に位置する幼児期の特徴についてみてみよう。

第1節　大人と子どもの認知の違いは？

1．発達心理学の巨人、ピアジェ

　現代の認知発達研究の多くは、ピアジェ（J. Piaget）の研究から始まったと言われる。ピアジェはスイスに生まれ、自身の子どもの観察に加え、多くの調査や実験を通して、壮大な発達の理論を構築した。現在、ピアジェ理論のすべてが支持されているというわけではない。むしろ、多くの批判や修正がなされている。本節では、まず、ピアジェ理論における3つの基本的な考え方（能動的な子ども観、同化と調節、段階発達）を確認し、続いて、乳児期と幼児期の特徴を概観する。そして、現在どのようにピアジェの理論が修正されているのかを考えていこう。

　（1）能動的な子ども観

　ピアジェが活躍する前の心理学は、遺伝説または環境説が優勢な時代であった（遺伝説と環境説については序論を参照）。いずれも、乳幼児は無力で受動的な存在であるという子ども観に基づいている。それに対し、ピアジェは、子どもは

能動的な存在であり、自ら積極的に世界を理解しようとする「科学者」のようなものだと考えていた。大人から見ると単なるいたずらのように見える行動も、ピアジェによれば、自分の行動の結果がどうなるのか科学的に検証する過程であるという。能動的な子ども観というのは、現代では当たり前ともいえる考え方であるかもしれないが、この時代では先駆的な思想であった。

(2) 同化と調節

ピアジェは、人間の発達を同化と調節という概念を用いて説明した。同化と調節とは、どちらも生物学の概念であり、有機体が食物を摂取し環境に自らを取り込むことを意味している。人間の認知発達にこれを置き換えるならば、同化とは、人間が新しい情報を自らが既にもっている認識の枠組みに取り入れること、調節とは、自分の既存の認識の構造を、新しい経験にあわせて変化させていくことである。たとえば、ある子どもが「虫は6本足で羽がある」という認識をもっていたとしよう。この子どもの認識の枠組みに、ハチ、チョウなどの新しい情報を組み入れて、認識をより豊かに強固にしていくのが同化である。そして、アリのように羽のないムシを見たときに、「羽のないムシもいる」というように元の認識を変更していくのが調節である。このようにして、同化と調節の均衡が保たれることになる。同化と調節を繰り返し、人間はさまざまな現象を説明できる新しい認識を獲得していく。

(3) 段階理論

ピアジェはまた、人間は段階を経て発達すると考え、思考の方法の違いによる4つの段階を想定した（表2-1）。発達段階とは、ある時期に特有の質的変化に着目して段階を設定する発達のとらえ方である。

第1の感覚運動期では、見る・聞くといった感覚や自らの身体を使った運動を通して、外界の物事を認識する段階である。刺激（入力）→運動（出力）というパターンの操作がみられる（なお、「操作」というのはピアジェ独自の用語で、思考と同義である）。この段階の思考は、今、目の前にある刺激にしか対応することができないという限界をもつ。次の段階は、1歳半くらいから6歳くらいまでの前操作期である。「前」操作期というのは、本格的な操作の「前」の段階で

表2-1　ピアジェの発達段階（岡本ら，2004より）

感覚運動期（誕生〜2歳）
　感覚と運動的活動を通して外界の事物を認知。物の永続性の獲得。

前操作期（2歳〜6、7歳）
　身振り動作や言語を用いた象徴的な思考ができるが、まだ非論理的である。他者視点をとることが困難なこの時期の性質を、自己中心性という。

具体的操作期（6、7歳〜11歳くらい）
　知覚的な特徴に左右されず事物の等価性を判断できる保存の概念が成立。具体物に即していれば、論理的な思考が可能になる。

形式的操作期（11歳くらい以降）
　抽象的な思考が可能になる。具体物がなくとも、論理関係だけを思考の対象として推論できる。

あるという意味がある。この時期の思考の特徴は、「表象」にある。表象とは、思い浮かべたそのもののことである。よって、この段階の操作には刺激（入力）→表象→運動（出力）のように、「表象」が入る。刺激の入力がなくても、思い浮かべることで運動（出力）が可能になるし、今・ここに必ずしも縛られないのである。第3の段階は、小学校以降の具体的操作期、第4の段階は、形式的操作期である。これらの段階になると、今・ここから完全にはなれた表象を作ることができ、概念を用いた思考ができるようになる。この段階になって初めて、「操作」ができるようになるのである。

　具体的操作期以降の発達の詳細は第3章に譲るとして、本節では、感覚運動期と前操作期についてさらに詳しくみていこう。

2．感覚運動期

　この段階の特徴は、表象を介した思考ができないことにある。具体的に考えてみよう。乳児は、目の前にリンゴがある場合、それを見たり（刺激の入力）、触ったり（運動という出力）できる。では、リンゴが布で覆われてしまった場合はどうなるだろうか（図2-1）。「布の下にリンゴがある」ことを理解するためには、「隠されたもの」を頭の中でイメージする、つまり表象を作る必要がある。表象をつくることができないと、目の前でものが布などで覆われてしまうとま

るで「ものが消えてしまったかのように」、手を出さなくなってしまう。

　ピアジェは、このような子どもの行動を、対象の永続性という概念で説明した。対象の永続性とは、対象物を、実体性をもつ永続的な存在としてとらえ、見えなくなったり触れられなくなっても存在し続けている、と考えることである。ピアジェが自分の子どもを観察した記録を見てみよう。

　　ローランはブリキの箱で遊んでいた。私は彼からそれを取り上げ、彼の枕の下に置いた。4日前には同じような状況でローランは反応しなかったが、今回は、彼は枕を掴み、さきほどまで手にしていた箱に気づいた。生後9ヵ月と20日では、枕の下、かけ布団の下などで、小さなアヒルを探した。(バターワース・ハリス, 1997)

赤ちゃんは目に見える対象を取り戻す

赤ちゃんは部分的に隠された対象を探し取り戻す

赤ちゃんは完全に隠された対象を探すことができない

図2-1　「布の下にリンゴがある」ことの理解（Bower, 1982より作成）

　ピアジェによると、乳児は8ヵ月になるまで隠されたモノを探すことができないが、8、9ヵ月頃になると、対象の永続性を理解し始め、隠されたモノを探すことができるようになる。しかし、まだ不十分な点があり、Aノット　Bエラーと呼ばれる現象が生じる（図2-2）。Aノット　Bエラーとは、布や箱によって覆われて隠されていた場所から、乳児の目の前で別の場所に移して布や

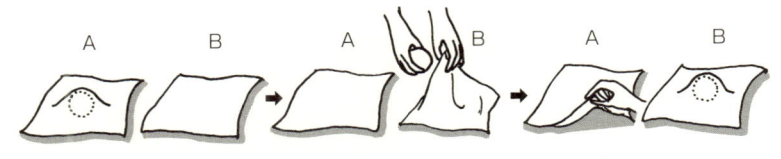

図2-2　Aノット　Bエラー（ピアジェ, 2007より作成）

第1節　大人と子どもの認知の違いは？　　55

箱で覆い、乳児にまた探させると、最初に隠されていた場所を探してしまう、という現象である。生後1歳くらいになると、後に隠された正しい場所を探すことができるようになる。ピアジェは自分の子どもについて、次のように書いている。

> ジャクリーヌは、緑のじゅうたんの上で遊んでいた。彼女はイモで遊んでいた。それはとても彼女の興味をひきつけた。そして、私はそのイモを取り、箱に入れた。彼女はその様子を見ていた。それから私は箱をじゅうたんの下に置き、そこで箱を裏返してイモをじゅうたんの下に残すようにした。そして空の箱を持ち出した。ジャクリーヌは、箱の中の対象を探し、じゅうたんなどを見た。しかし、じゅうたんを持ち上げて、その下にあるイモを見つけ出すことを彼女は思いつかなかった。（バターワース・ハリス，1997）

興味深いことに、他者がものを別の場所に隠すのを「しっかり」見ているにもかかわらず、乳児は最初に隠した場所を探そうとする。ピアジェ以降の研究で、隠し場所を増やしたり、探し出させるまでの時間を変更したりするなど、条件を変えた実験が行われたが、AノットBエラーを説明する決定的な説明はいまだ提出されていない。

3．前操作期

感覚運動期の終わり頃、表象が獲得され、子どもは表象を用いた思考をすることができるようになる。しかし、論理的な思考は不十分である。上位概念と下位概念の区別がつかない、世の中のものはすべて人が作ったと考え（人工論）、ものにはすべて命や心があると考え（アニミズム）、考えたことや夢で見たことは実在すると考える（実念論）。

ピアジェは、前操作期の子どもの特徴を自己中心性ということばで表した（なお、後に「中心化」ということばを用いるように理論を修正している）。これは、「わがまま」というパーソナリティを表すことばではない。自分の行為と他者の行為、あるいは自分の視点と他者の視点が十分に分離せず、他の人も自分と同じよう

に外界を知覚するという認知的な特徴を示す。では、幼児の自己中心性が示される実験として有名な「3つ山課題」と「保存課題」をみてみよう。

（1）3つ山課題

研究の対象となったのは、4歳から12歳の子どもであった（Piaget & Inhelder, 1948）。図2-3のような山の模型と、違った視点から見た山々の見えが描かれた10枚の絵が使われた。子どもは、子ども自身の見え（位置A）と人形の位置Cからの見え（位置C）を選択するよう求められた。子どもの反応を分類した結果、「質問の意味を理解できない」段階、「ほとんどあるいは全く自らの視点と他者（たとえば人形の位置C）の視点を区別できない段階」、「見えの区分ができる段階」という、一連の発達段階が明らかになった。前操作期の子どもは、たとえ事前に山の周囲を回ってA、B、C、Dの見えを確認しても、人形から見える風景は自分が見ている風景と同じであると答える。人形と自分の見える風景の違いに気づくのは具体的操作期に入ってからなのである。

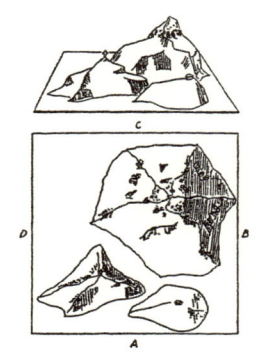

図2-3　3つの山の課題
（Piaget & Inhelder, 1948より）

幼児を観察していると、自己中心性に基づく行動がしばしばみられることに気づくだろう。たとえば、一緒に絵本を読んでいると、幼児が他者には見えにくいような位置に絵本を向けてしまうことがある。これは意地悪をしているのではなく、もしかすると「他者にとって絵本が逆の位置になっても自分と同じように見える」と考えているのかもしれない。幼稚園の先生と向かいあってダンスのふりつけをまねするとき、左右逆にまねしてしまう（鏡に映ったようにまねしてしまう）のも、自己中心性から生じる現象だと考えられる。

（2）保存課題

ピアジェ理論の中での「保存」とは、対象の形や状態を変形させても対象の数量といった性質は変化しないということである（冷蔵庫に野菜を保存する、というような日常用語とは意味が異なることに注意！）。保存の概念の理解を調べる保存課題は、次のように行われる。まず、同じ大きさの2つのコップに入れた同量の

ジュースを幼児に見せ、「どちらのジュースが多いか、同じか」と聞く。幼児は同じと答えるだろう。その後、幼児の目の前で、片方のジュースを、より細長いコップに入れ替えると、液体の見た目の高さが高くなる。そして幼児に再度「どちらのジュースが多いか、同じか」と聞くと、目立ちやすい液量の高さに注意が引きつけられ、幼児は高さが高くなったほうのジュースの量が多いと答える。これは液量についての保存課題であるが、図2-4のように、数、量、長さの保存課題もある。ピアジェは、保存の概念を理解するには、「同一性（増やしたり減らしたりしていない）」、「補償（高さは高くなったが幅は細くなったなど、他の要因が変動すること）」、「可逆性（元に戻せば同じになる）」を理解しなければならないと考えた。

　ピアジェは、そもそもこれまで研究の対象にもならなかった乳幼児の思考を探ったという点で先駆的である。人間がどのように論理的な思考ができるようになっていくのかということについての壮大な理論体系を作り上げ、今も彼を超える人材がいないという点で、偉大である。しかし、本当に幼児は論理的に思考できないのだろうか？　ピアジェの理論に対して疑問がわかないだろうか？

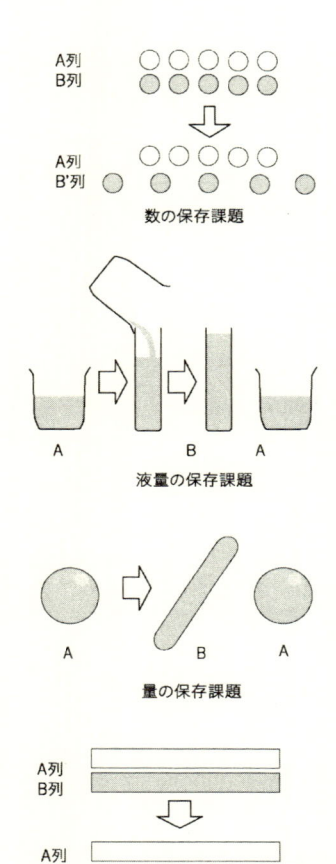

図2-4　保存課題の例（福田, 2012より）

4．ピアジェ理論の発展

　読者のみなさんの中には、ピアジェの実験やその結果に違和感を覚える人がいるかもしれない。その直観は、実は正しいことが多い。ピアジェ理論にはさ

まざまな批判があり、修正が求められている。これらの批判をまとめるならば、ピアジェが想定したよりも乳幼児は有能であること、また、我々の認識は文化や文脈から大きな影響を受けているということだ。

(1)実 験 手 続

幼児の実験は、一対一の面接を行うことが多い。そして、子どもが答えやすいように「はい／いいえ」質問が多く使われる。しかし、年少の幼児は、明らかに「いいえ」で答えるべき質問にも「はい」と答えてしまう傾向がある。なぜこのような傾向があるのだろうか。幼児は、実験者がなぜそのような質問をするのか、自分はどう答えたらよいのかという、コミュニケーションのルールをよく理解していないからと考えられている。また、繰り返し聞くという実験方法も、幼児の回答をゆがめてしまう可能性がある。先ほどの保存課題をもう一度考えてみよう。量が同じかどうかを2回聞いていることに気づくだろうか。日常会話において、同じ質問の繰り返しをするということは「はじめの質問に対する答えは間違っている」というメッセージを言外に含んでいる。幼児は、「同じと答えたけど、また聞かれたから、さっきの答えは間違っているのかも」と考えた可能性がある。実は、質問を繰り返さないで保存の実験を行うと、通常の手続よりも、正答率が上がることも示されているのである。同様に、幼児にとって意味のわかる自然な場面に作りかえて保存課題を行うと、正答率が上がる。たとえば、「いたずらっこのくまちゃん」という指人形がいたずらをしておはじきの一方の列をくずしてしまったというような、いたずらという自然な行為におきかえて保存課題を行うと、正答率が上がることがわかっている。

このように幼児が適切に答えられないのは、課題の状況になじみがないからかもしれない。3つ山課題についても、山のふもとに農家を置き、その山の周囲には鉄道の線路、電車に乗ったクッキーモンスターが走り回るという状況ではどうだろうか。ドナルドソン（Donaldson, 1978）の実験では、子どもは山の向こうにいるクッキーモンスターから見える風景を推測するよう求められると、通常の実験場面よりも正しく推測できたのである。

（2）領域普遍性から領域特殊性へ

ピアジェは、生物学や物理学などのどのような領域の課題でも、年齢によって認知が段階的に発達していくと考えた。これは、その段階の操作がすべての領域に適用されるという、領域普遍的な発達観に基づいていた。しかし、近年は、既存の知識が判断に影響すること、さらには幼児であっても豊かな知識を持っていることが明らかになってきた。

チィ（Chi, 1978）の記憶の実験を見てみよう。これは幼児の実験ではないが、特定の領域の知識をもっているかどうかが記憶に影響することを示したものである。実験の対象となったのは、小3から中2までの子どもと大人であった。子どもは地区大会優勝などの経験をもつチェスのエキスパートであった。一方、大人はチェスのルールは知っているもののそこまで強いわけではない、というレベルであった。記憶の課題は、チェスの駒の配置に関するもので、駒が配置されたチェス盤を10秒間提示し、その直後に駒を適切に配置することが求められる「直後再生課題」、1回目の再生で正解にならない場合完成するまで同じ手続を繰り返す「反復再生課題」の2つであった。また、10桁の数列の記憶課題も行われた（直後再生課題と反復再生課題）。その結果、図2-5に示されるように、10桁の数列の記憶では、子どもよりも大人のほうが記憶の成績が良かったが、チェスの記憶課題では、大人よりも子どもの成績が良かった。もし、記憶という能力が領域普遍的なものであれば、

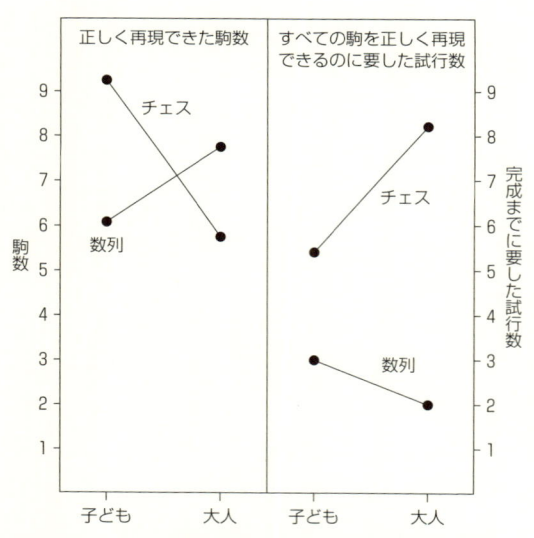

図2-5 チィたちの実験の結果：チェス盤上の駒の配置についての記憶成績 (Chi, 1978；外山・中島, 2013より)

第2章 幼児期の発達：魔法の森の仲間たち

チェスか数列かという材料の違いによって成績に差はでないはずである。しかし、チェスと数列という記憶する領域によって成績が異なった。これは、既存の知識が影響を及ぼすことを示すものである。

同じくチィ（Chi & Koeske, 1983）は、恐竜に詳しい子どもと恐竜の知識のない子ども（どちらも7歳）を対象に、恐竜についての知識をもっているかどうかによって関連する内容の推論や判断が異なるかを調べた。恐竜の絵本は一定の人気があるが、子どもの中には、一種の恐竜のエキスパートともいうべき恐竜に詳しい子どもがいる。この実験では、恐竜の絵本から集められた恐竜の絵について「一緒になるもの」というように、同じグループに分類させ、分類の理由も尋ねた。その結果、恐竜について知識のない子どもは、観察可能な表面的な属性に注目し（たとえば角が3本あるなど）、恐竜のエキスパートの子どもは、観察不能な深いレベルの属性（たとえば肉食動物だよ、など）に注目する傾向があった。また、エキスパートの知識はより構造化され、より洗練された仕方で知識を使用していた。「その恐竜には水かきがあるんだ。だから泳げるんだ。また鼻がアヒルのくちばしのような形をしている。だからそういう名前がついた」というように、ひとつの知識が活性化すると、次々と別の知識も活性化していった。このように、幼い子どもでも、豊かな知識をもつこともあること、そして、推論や判断は一般的な能力として「どんな領域でも高度な判断をする」ということではなく、関連する知識を有しているかどうかが、推論や判断の水準を高める要因になることが示唆された。

（3）素朴理論

思考において知識が重要な役割を果たすこと、幼い子どもも豊かな知識をもっていることを確認した。次に、そもそも、生物学や物理学など、領域によってその領域に関する思考や認識が独立して発達をするという、領域特殊的な発達観について考えてみよう。領域特殊性とは、たとえば、生物学についての情報を処理する処理機構、数学についての情報を処理する処理機構、というように、多くの認知能力は特定のタイプの情報を処理するように決められており、我々の脳はそれらが寄せ集められているという考え方である。このような領域

第1節 大人と子どもの認知の違いは？

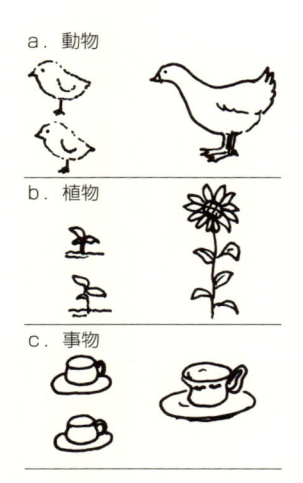

図2-6 動物と無生物を区別する実験課題の例（稲垣・波多野，2005；外山・中島，2013より作成）

a. 動物
b. 植物
c. 事物

特殊的な発達観にたつのが理論説、あるいは素朴理論研究である。理論説とは、個々の知識や概念は、他の知識や概念とともに因果的な首尾一貫性を持った説明的な枠組みである理論によってまとめられていると考えるものである。このような一種の「理論」を、乳幼児期の子どもでももっていることが明らかになっている。ただし、学校で習う科学的に正しい理論というわけではなく、どちらかというと科学的には間違った理論であることから、このような子どものもつ理論は素朴理論とよばれる。素朴理論の存在は、幼い子どもでも世界について独自の見方をもっていることを示すものである。

たとえば、ピアジェは幼児の思考の未熟性を示す例として、アニミズムをあげた。幼児は「太陽は生きている」、「お人形が悲しんでいる」のように、生命のないものも生きているように表現することがある。しかし、幼児も「素朴生物学」ともいうべき理論をもっており、生物と無生物を区別できることもわかってきた。稲垣と波多野（2005）は、成長という観点から、幼児の生物と無生物の区別の理解を調べている。4歳と5歳の幼児を対象に、動物、植物、人工物について、大きさと形態が変化する絵を見せ、数時間後、あるいは数ヵ月後の姿を選ばせた（図2-6）。その結果、4歳児も、人工物は大きさや形態は変化しないが、動物や植物は時間が経過すると変容することを理解していた。

（4）社会文化の影響

領域普遍性の強調は、社会や文化による影響を軽視することにもつながっている。我々の認識や思考が、社会や文化とかかわりがあるのは明らかである。ピアジェは、人間の能動的な側面に注目し、自ら環境に積極的に働きかけて発達していく人間像を提示したが、社会や文化によって発達の様相が異なること

については十分に理論化されているとは言いがたいのである。発達における社会文化の影響は第5章でさらに考えていこう。

5. まとめ

確かに、ピアジェの理論は修正が求められ、ピアジェが想定したよりも子どもは有能であることなどが明らかになってきた。ピアジェの時代には不可能だった認知神経科学研究なども、人間の発達の解明に寄与することは明らかである。しかしながら、4つの段階で示される発達の特徴は、現在もなお頑健な結果として受け入れられている。また、AノットBエラーのように、魅力的な発達の謎が残されている。ピアジェの偉大な功績から、学問は「巨人の肩の上に立つ」ことで発展するということばの意味を、今一度実感してほしい。

第2節　子どもはどのように他者の心を理解するのか？

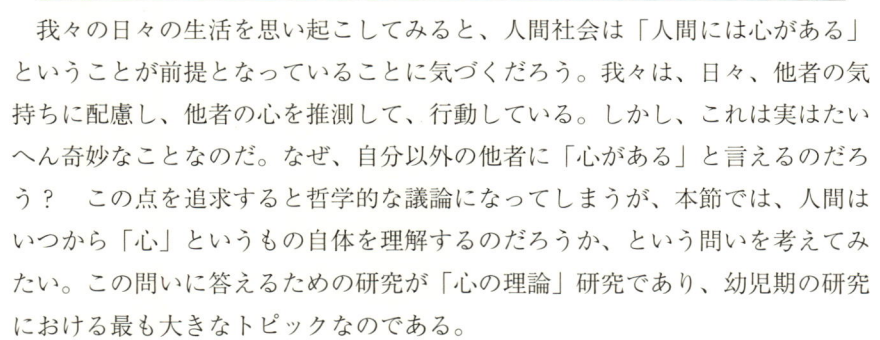

我々の日々の生活を思い起こしてみると、人間社会は「人間には心がある」ということが前提となっていることに気づくだろう。我々は、日々、他者の気持ちに配慮し、他者の心を推測して、行動している。しかし、これは実はたいへん奇妙なことなのだ。なぜ、自分以外の他者に「心がある」と言えるのだろう？　この点を追求すると哲学的な議論になってしまうが、本節では、人間はいつから「心」というもの自体を理解するのだろうか、という問いを考えてみたい。この問いに答えるための研究が「心の理論」研究であり、幼児期の研究における最も大きなトピックなのである。

1. 心の理論とは

心の理論とは、他者の行動からその背後にある心的状態を推測し、その次の行動を予測するための理論である。心そのものは、見たり触れたりできないので、私たちは推測するしかない。大人になっても「他者の心なんてわからない」と思う人も多いと思うが、ここでいう心的状態とは、信念や欲求からなる心の

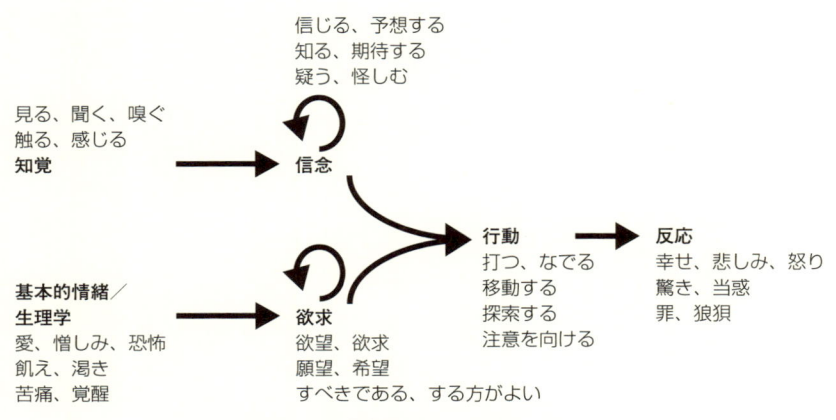

```
                信じる、予想する
                知る、期待する
                疑う、怪しむ
                    ⤾
見る、聞く、嗅ぐ
触る、感じる
**知覚**          →    **信念**
                                    ↘
                                      **行動**  →  **反応**
                                      打つ、なでる    幸せ、悲しみ、怒り
                                      移動する        驚き、当惑
                                    ↗ 探索する        罪、狼狽
                    ⤾                注意を向ける
**基本的情緒／**
**生理学**        →    **欲求**
愛、憎しみ、恐怖        欲望、欲求
飢え、渇き              願望、希望
苦痛、覚醒              すべきである、する方がよい
```

図2-7　心の模式図（Wellman, 1990より作成）

しくみを指す。具体的な「信念」の中身を読み取るという読心術のようなことを意味している訳ではない。なお、信念というと、何か強い思い込みのことを表す用語のように感じるかもしれないが、「思っている」という意味である。図2-7は、基本的な心の状態の模式図である。特に、信念、欲求、行動の3つは、心の理論における核概念である。3つのうち2つがわかっていれば、3つめを推測できる。たとえば、ジュースを飲みたいと思っており（欲求）、冷蔵庫の中にジュースがあると知っていると（信念）、冷蔵庫を開けてジュースを飲む（行動）。ジュースを飲みたいと思っていても（欲求）、冷蔵庫の中にジュースがあることを知らなければ（信念）、冷蔵庫を開けてジュースを飲まない（行動）。このように、行動は信念と欲求によって引き起こされる。

　心の理論研究は、最初はチンパンジーの研究から始まった。プレマックら（Premack & Woodruff, 1978）は、人間がある行動をするがうまくいかないという場面をチンパンジーに見せ、その場面の解決方法が描かれた複数の写真を提示し、選ばせた。たとえば、人間がドアの鍵を開けようとする様子を見せたところ、チンパンジーは鍵の写真を選択した。このことから、チンパンジーにも心の理論があると考察された。しかし、他者の心を推測しなくても、行動の解決方法は推測可能である。ドアの鍵を開けるためには鍵が必要、というのは、確

かに特に他者の心の状態（たとえばその他者が鍵を開けたいと思っている、など）を推測しなくても可能である。

では、どのような課題ならば、心の理論を理解していることを証明できるのだろうか。これは、自分とは異なる信念をもつ他者の心の状態を理解することによって可能になる。そこで考案されたのが誤信念課題である。図2-8は、現在標準的に使用されているサリーとアン課題の流れを示したものである。この課題の意図するところは、人物Aが事象Bを誤って信じていること、つまり、人物Aの置かれた状況から、人物Aが目の前の事実と食い違う信念をもっていることを理解できるか、ということである。サリーはアンがビー玉を箱に入れ替えたことを知らないので、ビー玉はバスケットに入っているという信念をもち、バスケットを探すはずである。その

図2-8　サリー・アン課題（シーガル，2010より作成）

第2節　子どもはどのように他者の心を理解するのか？

結果、3歳児は正答できず、4歳児以降に徐々に正答率が高まることが示されている。心の理論は、5歳頃には獲得されると考えられているが、この年齢は、多少のずれはあるものの、基本的にあらゆる文化圏においてみられる。なお、誤信念課題には、この他に、だまし箱課題（スマーティー課題：実際には鉛筆の入っているお菓子の箱を、それを知らない人に見せて中に何が入っているかをたずねたとき、その人が「お菓子」と答えることがわかるかどうか）などもある。また、この課題の非言語バージョンを、チンパンジーを対象に実施しても、正答できないようだ。

2. 他者の心を発見する道筋

このように4歳半ば頃から心の理論を理解し始め、通常、小学生になる頃にはほぼ全員、誤信念課題に正答する。では4、5歳になるまでの期間、心の理解はどのように発達するのだろうか。つまり乳児期から幼児期にかけて、どのような道筋をたどって心の理解がすすんでいくのかを概観しよう。

(1) 目標志向性の理解

人間の乳児が「人間ぽいもの」に特別な興味をもつことは、第1章で確認した。これは心の理論獲得のための生物的基盤であるといえる。では、図2-7のような心のしくみについて理解する前の段階には、どのような理解があるのだろうか。ここでは、人間がそもそも目標志向性や意図をもつ存在であることを理解していることを示す実験を紹介しよう。

ウッドワード（Woodward, 1998）は、5カ

図2-9 手はどちらをつかむのか？（板倉，2007より作成）

月児と9ヵ月児を対象として、次のような実験を行った（図2-9）。乳児の半分は、人の手が2つのおもちゃのうちどちらか一方に近づいてつかむという場面を見せられた。その後、同じおもちゃをつかむために手の軌道が変わる（最初左のおもちゃをつかんだ場合、右のおもちゃをつかむ）ものと、違うおもちゃをつかむために手の軌道は変わらないもの（最初左のおもちゃをつかんだ場合、同じく左側のおもちゃをつかむ）が見せられた。もし、乳児が、手の動きを目標志向性のあるものとして解釈するならば、手の軌道（右か左か）が変わることよりも、つかむおもちゃが変わるほうが、新奇性が高くなり、乳児の注視時間が長くなるはずである。多少推測を含めて解説すると、最初に見せられた手の人が「ボールを欲している」ならば、その後位置が変わっても同じボールをつかむのは「同じこと」であるが、手の人が「クマを欲している」のは、新しいこと、あるいはおかしなことになるのである。さらに、人のみが目標志向性をもつと理解するならば、手ではないものの動きでは異なった結果が得られるはずである。そこで、人の手に類似した金属の棒を用いて同じ実験が行われたところ、逆の結果、つまり、手の軌道が変わると新奇性があると考えていた。この実験から、5ヵ月児は意図理解の基礎が見られると考えられる。

（2）意図の理解

次に、生後18ヵ月の乳児を対象とした、意図の理解についての実験をみてみよう（Meltzoff, 1995）。実験では、ダンベル（小さな立方体2つをプラスチックの棒でつないであり、両方の立方体を左右に引っ張るとそれが外れるしくみ）が刺激として用いられた。乳児は次の2群に分けられ、人がモデルとなって立方体を引っ張って外そうとするが手をすべらせて失敗する行為、もしくは機械がモデルとなって同じ行為をするがターゲット操作まで達しない行為が見せられた（図2-10）。どちらも立方体は外れないままであった。その結果、人がモデルとなって行為を見た乳児のほうが、機械の動きを見た乳児よりも、立方体を引っ張ろうとした。この結果は、乳児は人間が行為をするときにのみ、意図を帰属させて理解していることを示している。

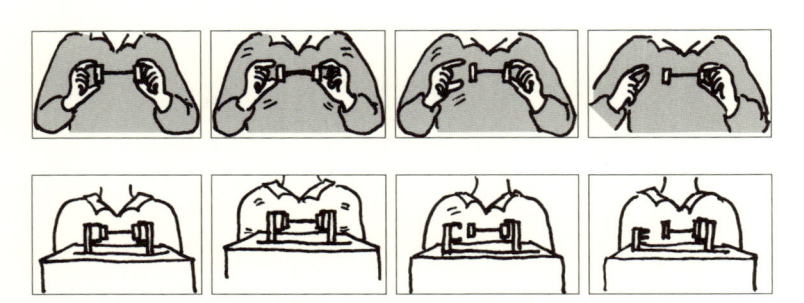

図2-10 動きから意図を読みとるのか？：人間の場合（上）と機械の場合（下）（板倉，2007より作成）

（3）欲求と意図の理解

　では、図2-7の心の理論の模式図にあるような、欲求や信念はどのように理解されていくのだろうか。子どもは、心のしくみを、最初は部分的に理解しているようだ。ウェルマンによると、2歳児は「人は自分の欲求を満たすために行為する」ことを理解しているという。ウェルマンの実験をみてみよう（Wellman, 1990）。2歳児が「男の子はウサギを見つけて学校へ連れて行きたい。ウサギはガレージの中か、ベランダの下に隠れているかもしれない」という話を聞かせられる。続いて、主人公の男の子がガレージを探してウサギを見つけた、その後その男の子は次にどうするか、と問われると、「男の子は学校へ行く」と答える。ウサギを見つけられなかったという場合は、もうひとつの場所のベランダの下を探しにいくと答える。2歳児でも、欲求が満たされないと、さらに行為が生じることを理解しているということなのだ。

　欲求と意図の区別は難しい。欲求と意図は、行為や出来事によって満足させられるか否かという心的状態である点で同じであるが、欲求は結果が達成されさえすれば充足されるのに対し、意図は達成する行為を意図自体が惹き起こすときにのみ充足される。たとえば、「新しいおもちゃが欲しい」という「欲求」の場合は、自分が買っても、他者からもらっても、とにかくおもちゃを手に入れることができさえすれば満足することになる。しかし、「おもちゃを買おう」という「意図」の場合は、自分が出かけて買い物をすることによってのみ、達成される。極端な例だが、殺人を望んでいる（殺人の欲求がある）が、その対象

の人物を事故で偶然殺害してしまった場合（殺人の意図はない）、意図的な殺人とはみなされないということと対応する。

欲求と意図の理解について調べるために、アスティントンら（Astington & Lee, 1991）は、次のような物語を3歳児に聞かせた。ひとつは、女の子がパンをもらって外へ行き、パン屑を地面にまいたら、そこへ鳥がやってきてそれを食べた、というものである。もうひとつは、女の子がパンをもらって外へ持って出て食べると、パン屑が後ろの地面に散らばり、そこへ鳥がやってきてそれを食べた、というものである。どちらの女の子が鳥にパン屑を食べさせるつもりだったのか、と聞くと、3歳児は2つの物語を区別できなかった。この2つの物語には、女の子の意図が述べられていないので、パン屑を食べさせようという意図は「パン屑を地面にまいた」という行為から推測しなくてはならない。

（4）信念の理解

「考えている」という主観的な行為と客観的な行為の区別は、3歳児でもできるようだ。たとえば、クッキーを持っている子どもと、クッキーについて考えている子どものどちらが、クッキーを目で見たり実際に触ったりできるかを聞くと、3歳児はクッキーを持っている子はクッキーを見たり触ったりできるが、クッキーについて考えている子は見ることも触ることもできないと答える。4歳になると、心の働きについてさらに複雑なことも理解する。たとえば、「心は情報を解釈する」、すなわち「人は同じ出来事をちがうように表象することがある」ことを理解する。具体的には、3歳児は、同じものでも見える人と見えない人がいることは理解していても、同じものでも人によって見え方が異なることは理解できない。しかし、4歳児になると、これを理解する。

このように、乳幼児は、徐々に、心のしくみを理解していくようだ。

3．心の理論の獲得とその後

幼児期から児童期への移行の時期に、誤信念課題に正答するようになり、心の理論を獲得したとしても、心の理解は完成する訳ではない。実際には、心の理解は複雑である。たとえば、AさんがBさんのことを好きだということを

第2節　子どもはどのように他者の心を理解するのか？　　69

表象／志向性の次数			
志向的でない状態 No intentional state	志向的な状態 Intentional state	読心 Mindreading	埋め込まれた読心 Embedded mindreading
	「0次の心的状態」 の表象	「一次の心的状態」 の表象	「二次の心的状態」 の表象
0次の 志向システム	一次の 志向システム	二次の 志向システム	三次の 志向システム

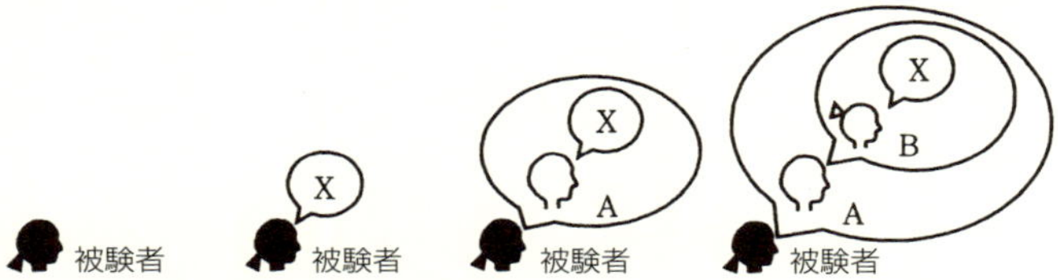

図2-11 埋め込み次数の数え方 (Whiten & Perner, 1991；林，2008より作成)

Cさんが知っている、というように、信念は階層構造をもつこともある。この構造は、図2-11のように入れ子状に無限に続けることができる。では、この「ある人の信念を別の人が知っている」というような、二次的信念を幼児は理解できるのだろうか。パーナーとウィマー（Perner & Wimmer, 1985）は、アイスクリーム屋さん課題という、二次的誤信念課題を考案した。二次的誤信念課題とは、人物Aが事象Bを誤って信じていると人物Cが誤って信じている、というように、誤信念が二重構造になっている。具体的には図2-12の流れを見てほしい。二次的誤信念課題を実施した結果、7歳児では二次的信念の理解は難しく、8、9歳児でも半分程度の子どもが理解するにとどまっていた。つまり、一次的信念については4歳頃、二次的信念に関しては9歳頃に、発達の節目があると考えられる。

日常的によくみられるうそや冗談も、二次的信念の理解が必要になる。よって、意外かもしれないが、小学生の年齢になっても必ずしもこの2つを区別できないようだ。うそと冗談は、意図的な虚偽であるという点では区別できないが、うそとは「聞き手に言明を真実であると思わせようと意図する」もの、冗談は「聞き手に言明を真実であるとは思わせようとは意図しない」という違い

がある。たとえば、母親が「部屋の片付けをしなさい」と言ったが、男の子が部屋の片付けをしなかったとする。そのとき男の子が台所に行き母親に「僕は大掃除をしたよ」というのは、嘘であるが、母親を自分の部屋に連れてきて散らかった部屋を指差しながら「僕は大掃除をしたよ」というのは、冗談である。小学生を対象に、図2-13の流れを示し、「うそをついているのはどちらでしょうか」と聞いたところ、二次的信念課題と同様に、9歳頃より前にはこの二つを区別するのが難しいことが示された。

4．進化と社会的知能

　他者の心を理解するということが、人間にとってどのような意味をもつのか、確認したい。人間社会とは、他の動物の社会と比べ複雑さも規模も群を抜いている。社会集団の中で、人間は他者と協力し、ときには他者を欺き、生活していく。このように、他者とのやり取りにかかわること、はては差別や戦争などはすべて、「社会」が生み出す問題である。このような視点で人間をみてみると、他者の心を推測する能力が重要であることが実感できるのではないか。

　大型類人猿の知能は、社会的な問題を解くのに適したように進化してきたの

① はるなさんときみえさんが公園で遊んでいました。はるなさんはアイスクリームを買いたいのですが、お金をもっていません。アイスクリーム屋さんは「今日はずっとこの公園にいるから、あとでお金をもって買いにくるといいよ」とはるなさんに言いました。

② はるなさんは少し遊んだあと、自分の家にお金を取りに帰りました。

③ アイスクリーム屋さんは、ワゴン車を動かして、どこかへ行こうとしています。びっくりしたきみえさんは「おじさん、どこへ行くの？」と聞きました。アイスクリーム屋さんは「この公園では買う人が少ないから、学校の前にうつるところだよ」と答えました。

④ アイスクリーム屋さんが学校に行く途中、はるなさんの家の前ではるなさんに会いました。アイスクリーム屋さんは「公園では買う人が少ないから、学校の前に行くところだよ」とはるなさんに言いました。きみえさんは、このことを知りません。

⑤ きみえさんは、はるなさんの家に行きました。家にははるなさんのお母さんしかいませんでした。はるなさんのお母さんは「はるなはアイスクリームを買いに行ったところよ」と言いました。

（問）きみえさんは、はるなさんがどこに行っていると思っているでしょう？

図2-12　二次的誤信念課題（子安，1997；福田，2012より）

第2節　子どもはどのように他者の心を理解するのか？　　71

うそ―冗談課題:
お話①:
(a)けんたくんは、サッカーをしに行きたいと思っています。でも、おかあさんは「まず、おへやのかたづけをしなさい」と言いました。
(b)けんたくんは、自分のへやにもどりましたが、マンガをよんで、へやのかたづけをしませんでした。台所にいるおかあさんは、へやがかたづいていないのを知りません。
(c)30分後、けんたくんは、台所に行きました。けんたくんは、おかあさんに「ぼくは大そうじをしたよ」と言いました。

お話②:
(a)ひろきくんは、やきゅうをしに行きたいと思っています。でも、おかあさんは「まず、おへやのかたづけをしなさい」と言いました。
(b)ひろきくんは、自分のへやにもどりましたが、マンガをよんで、へやのかたづけをしませんでした。台所にいるおかあさんは、へやがかたづいていないのを知りません。
(c)30分後、ひろきくんはおかあさんをへやにつれてきました。ひろきくんは、おかあさんに「ぼくは大そうじをしたよ」と言いました。

(**区別質問**）上の2つのお話は「うそ」をついているお話と、「じょうだん」を言っているお話です。おかあさんに「じょうだん」を言っている（「うそ」をついている）のは、お話①のけんたくんでしょうか、それとも、お話②のひろきくんでしょうか？

(**二次的意図質問**）上の2つのお話は、へやがかたづいていないことを、おかあさんに知ってほしいお話と、知ってほしくないお話です。へやがかたづいていないことを、おかあさんに知ってほしくない（ほしい）のは、お話①のけんたくんでしょうか、それとも、お話②のひろきくんでしょうか？

図2-13　うそ―冗談課題（林，2008より）

ではないかという議論もある。ちなみにこれは、社会的知能仮説あるいはマキャベリ的知能仮説とよばれている。人間社会は、ときには家族を超えた大きなグループで経済活動を行い、政治などの社会制度を作り出しており、その規模と複雑性において、他の動物と一線を画する。身近な家族や親しい友人の心を推測する、という水準を超えて、人間社会では、より高度で複雑な心の理解の能力が必要とされる。

5. まとめ

　他者の心を理解する能力は、複雑で巨大な人間社会で適応するために最も重要な発達課題と言えるのではないだろうか。人間は、欲求、信念、行動の3つを核とする心の理論を、幼児期から児童期にかけて徐々に構築していく。4歳と9歳に、心の理論の理解において、発達面の飛躍があることが示唆された。確かに、他者の心を理解することは、社会生活を営む上で必要不可欠ではあるが、意図的なうそや冗談を使うことが可能になるなど、トラブルも生じる。しかしながら、心の理解の深まりは、我々の人生を豊かにする原動力なのではないだろうか。

第3節　子どもはどのように自分を発見するか？

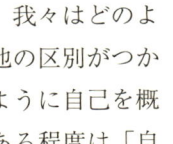

　第2節では、他者の心を発見する道筋を見てきた。それでは、我々はどのように「自分」を発見するのだろうか？　直感的には、乳児は自他の区別がつかないように思えるかもしれない。もちろん、乳児が大人と同じように自己を概念化しているということはないだろう。しかし、近年、乳児もある程度は「自己」というものがわかっていることが明らかになってきた。

　本題に入る前に、用語の整理を行おう。哲学者のウィリアム・ジェームスの分類によれば、自己には主体的側面と客体的側面があるという。主体的側面はI（主我）であり、考え、行動する主体としての自己である。客体的側面はme（客我）であり、対象化され、知られるものとしての自己である。前者は「見る自

己」、後者は「見られる自己」とよばれることもある。では、自己というものは、いつ頃、どのように現れるのだろうか？

1. 生態学的自己の発見

　生後直後の乳児の口の横に、そっと指をあててみる。乳児はすぐさま指の方向に口をゆがませて吸い付こうとする。母乳にありつくために必要な、行動様式である。このような母乳を出す乳首を探す行動はルーティング（口唇探索）とよばれ、生後1ヵ月ぐらいの乳児にみられるものである。この行動にも、実は「自己」の発芽がみられる。乳児は、自分の指が口の横にあたるときと他者の指が口の横にあたるときで反応が異なる。ルーティングが単なる反射ならば、自分の指が触ろうが、他者の指が触ろうが、変わりはないはずである。しかし、自分で生成した刺激と他者が生成した刺激を区別しているならば、乳児は「自分の」身体を周りの環境から区別しており、大げさな表現ではあるが、自分の身体の感覚に基づいた自己をもっているのである。

　2ヵ月頃から、乳児は積極的に自己の身体を探索するような行動を行う。たとえば、腕を前に突き出して長い間それを見つめる。これはハンドリガードとよばれる。自己の身体を動かすことで、自己の身体が動く感覚とそのときの身体の見え方の関連を探っているようにみえる。では本当に、乳児は、自分の身体を動かせば身体がどう見えるかについての知識をもっているのだろうか。

　ロシャ（2004）は、特別な装置を使って、自分自身の身体がどのように見えるかについて、乳児が幼いときから身体マップのようなものをもっていることを明らかにした（足ばたばた実験）。図2-14に示すように、乳児は2つのディスプレイを提示される。これらは、どちらも乳児からよく見えるように、乳児の前に横に並べて置かれる。カメラは、2つのディスプレイの間に置かれ、乳児の顔をクローズアップして映す。これにより、乳児がどちらのディスプレイを長く見たかがわかる。材料として用意されたのは、どちらもライブ映像（乳児の動きに同期し、児が足を動かすと、スクリーン上で同じように足が動くのが見える映像）ではあるものの、ひとつは、自分自身が足を見るときの見えに対応していたが、

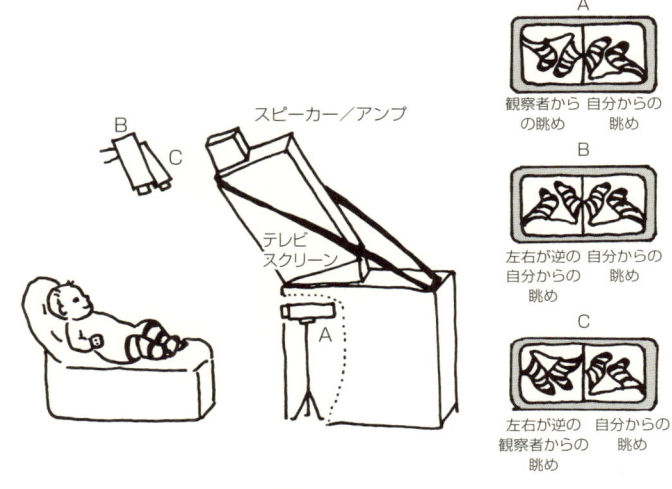

図2-14　足ばたばた実験の様子（ロシャ，2004より作成）

もう一方は、他者からの見え、つまり左右が逆の見え（つまり合成映像）が用意された。もし、後者の映像を長く見るならば、乳児は自分の動かしている足の感覚と映像の中で動いている足の食い違いに気づいていることになる。その結果、3ヵ月児も、左右が逆の見えの映像を長く見た。このように、子どもは、生まれて間もない頃から、ある種の自己の感覚をもっているようだ。ロシャは、2、3ヵ月頃に現れる知覚的な自己を、生態学的自己とよんでいる。

このような自己は、ジェームスのいうところのIであり、自己の体に境界があるという認識のようだ。では、meはいつ頃から出現するのだろうか。

2. 客体的自己の理解

ほどなく乳幼児は、生態学的自己の理解にとどまらず、他者との関係の中での自己を理解していく。ロシャによると、14ヵ月頃から客体化された自己を獲得するという。この、自己を客体化して理解しているかどうかのリトマステストは「ルージュテスト」とよばれるマークテスト課題で調べられる。これは、

第3節　子どもはどのように自分を発見するか？

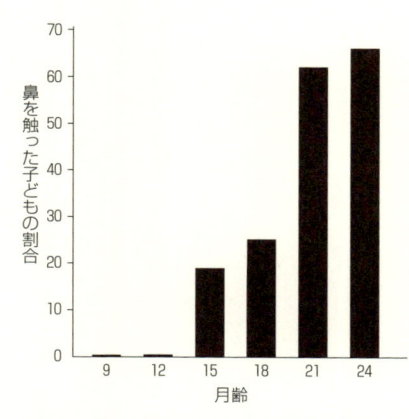

図2-15 マークテストにおいて鼻を触った子どもの割合 (Lewis & Brooks-Gunn, 1979 より：外山・中島, 2013より)

子どもの顔にこっそり口紅やポストイットをつけ、その後鏡を見せ、子どもがそれに気づき、鏡ではなく自分の顔を触ってそれをとろうとするかどうか、ということから測定される。

図2-15は、ルイスら（Lewis & Brooks-Gunn, 1979）の実験において、鼻に口紅をつけて鏡を見たときに鼻を触る行動をした子どもの割合である。この結果から、鏡像を自分の姿であると認識するようになるのは、生後1歳半くらいからのようだ。マークテストに通過できるようになる前、つまり1歳くらいまでの子どもは、鏡像に対して笑いかけたりするなど、まるで鏡の中の像が他者であるかのように行動する。1歳をすぎると、鏡の後ろに回り込むなどして、鏡像の性質を調べる行動が増える。マークテストを通過しても、ときおり、このような行動が見られることがあることから、長い期間を経て、揺れ動きながら客体的自己を獲得するようになるのだと考えられる。

しかし、マークテストに通過したとしても、過去の自己像、たとえば写真や録画ビデオに映った自分を自分だと認識できないことも多い。鏡の自己認知が写真や録画ビデオよりも早いのは、自分が動くと鏡の中も同期して動くという、時間的な同時性があるからだと考えられる。写真や録画ビデオに映し出された過去の自己像を自分だと理解できること、過去の自分、現在の自分、未来の自分を結びつけて考えることができることは、自己を過去から未来へと時間的に連続した存在として理解しなくてはならない。このような、過去、現在、未来と時間的に変化するものの永続している自己についての認識は、4歳頃に獲得されると考えられている。

ポヴォネリら（Povinelli, Landau, & Perilloux, 1996）の実験をみてみよう。実験で

第2章 幼児期の発達：魔法の森の仲間たち

は、2歳、3歳、4歳児が、シール探しゲームをするという名目で実験室によばれた。ゲーム開始前に、様子をビデオカメラで撮影していること、ゲーム終了後に録画映像を視聴することが説明された。なお、その映像がいつのものかがわかりやすいように、撮影中に、子どもに好きな動物をたずね、その動物の物まねを録画するという工夫もされた。そして、ゲームを始めるが、その最中に、子どもに気づかれないように頭にシールを貼る。その後、録画映像を見せ、（過去に貼られた）シールをはがそうとするかどうかを調べたところ、4歳にならないと、シールに手を伸ばさないことがわかった。つまり、4歳より下の子どもは、「過去」の自分の映像が、「現在」の自分の状態についての情報を与えるということを理解できないようだ。

3．自己意識の高まりと自己制御

　幼児期になると、自己認識はさらに強まっていく。自分の性格や能力、身体的特徴などの、比較的永続的な自分についての考えを、自己概念という。では、幼児は、どのような自己概念をもっているのだろうか？　幼児に「〜ちゃんは？」と質問すると、「絵が描ける」「犬が好き」など、自分が何かをする主人公であるようにとらえて答える。

　幼児は、将来の自分についても非常に肯定的に考えるようだ。自分が将来どのようになるのかを聞くと楽天的な答えをすることが多い。たとえば、今はあまり運動が得意ではないと思っていても、将来は有名な運動選手になれると信じている。ロックハートら（Lockhart, et al., 2008）の研究をみてみよう。日米の幼児、児童、大学生を対象に、望ましくない特性（たとえば背が低い、意地悪など）をもつ子どものキャラクターが、大人や老人になるとどうなるかをたずねた。その結果、日米の幼児ともに、クラスで一番背が低い子どもが大人になると一番背が高くなると考えるといったように、望ましくない特性が望ましい方向に変化すると考えることがわかった（図2-16）。また、このような変化は、努力や練習ではなく、自然に生じると考えているようだ。これは幼児の「素朴楽天主義」とよばれ、文化を超えて幼児には一般にみられる傾向といわれている。な

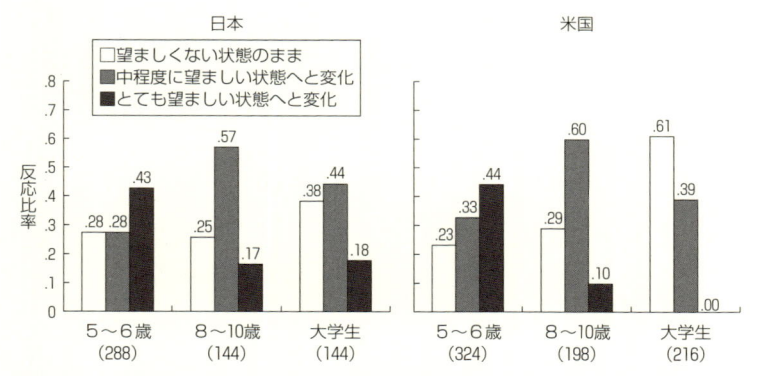

図2-16 日米における望ましくない特性の変容可能性についての信念——若年成人期についての質問に対する反応比率 (Lockhart et al., 2008；外山・中島, 2013より)

お、この楽天主義は、他者に対してだけではなく自分自身に対しても適用される。楽天主義が生じるのは、他者と自分を比較する能力が乏しいなどの、認知能力の低さが原因のひとつであると考えられる。

　また幼児期になると「じぶんで」、「～ちゃんがやる」というように、なんでもひとりでやりたがる。しかし実際には大人と同じようにできないので、ものを落としてしまう、壊してしまうなどの大失敗をしてしまい、親としてはため息をついてしまう。親子のやり取りでよく見られる光景である。その一方で、何に対しても「いや」を繰り返すこともある。しかしながら、大人にとってはわがままな行動に見えても、子どもにとっては重要な意味をもつ。子どもは、このような自己主張や大人への反抗心を通して、自分の意志を通せることと通せないことの区別を学んでいくのだ。自分で自分の行動を制御する力は、自己制御とよばれる。自己制御は、「いやなことや他と違う意見をはっきり言える」というような、自己主張的な側面と、「欲しいものがあっても人に譲れる、我慢できる」のような、自己抑制的側面の両方がある。自己制御の中の自己主張的な側面は、3歳から4歳半にかけて急激に増加するがその後はあまり増加することはない。一方、自己抑制的な側面は、3歳から小学校入学まで、一貫して伸び続ける（図2-17）。

第2章　幼児期の発達：魔法の森の仲間たち

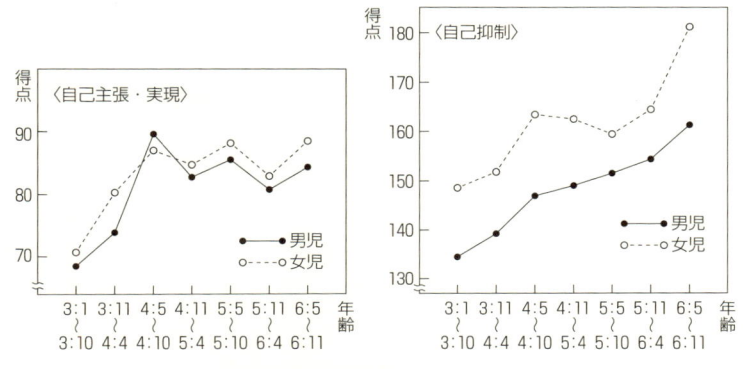

図2-17　**自己主張と自己抑制**（柏木, 1988, 2005より）

児童期以降も自己は発達し続ける。その後子どもは、人格としての自己を概念化するようになる。これは続く第3章で扱うこととする。

4．まとめ

身の回りの世界のことだけではなく、自分自身についての理解も、驚くほど早期からその起源がみられることが明らかになってきた。幼児期になると、自分自身の特徴についてはっきり認識しているが、非現実的な点もある。しかしながら、そのような未熟さ、もっというなれば、自分自身を肯定的にとらえる傾向は、実は人間の発達や学びにおいて、大きな役割を持つと考えられる。自分に限界をつくらないこと、失敗しても立ち直れる心性があるからこそ、繰り返し挑戦し続けることができるのである。このように世界や自分をポジティブにとらえる傾向は、人間の学びを支える大きな力であり、幼児の特権でもあるのだ。

ワーク

・**幼児を観察してみよう**：この章で説明された、幼児の特徴が実際にみられるかどうか、観察してみよう。可能ならば、AノットBエラーなどの実験も行ってみよう。

・**大人の保存課題**：成人でも、保存課題は意外に難しいかもしれない。次の問題を解いてみよう。

　2つの同じ大きさのビンA、Bがあります。ビンAには白いビー玉200個、ビンBには黒いビー玉200個が入っています。ここに、正確に15個のビー玉を取り出せるスプーンがあります。このスプーンで白いビー玉15個を取り出し、黒いビー玉の入っているビンに移します。ビンを振って、よくビー玉を混ぜます。そして、またスプーンを使い、今度はビンBからビンAにビー玉15個（白と黒のそれぞれの個数はわからない）を移します。では、ビンAに入っている黒いビー玉の数と、ビンBに入っている白いビー玉の数は、同じでしょうか。違うでしょうか。どうしてそう思ったのでしょうか。

　註）この課題は中澤潤監修「幼児・児童の発達心理学」（ナカニシヤ出版）2011年のなかの「保存課題の体験」をもとに作成された。

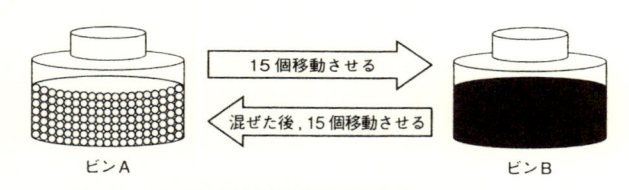

図2-18　大人の保存課題：問題状況の例（中道, 2011より）

【読 書 案 内】

「心の理論──心を読む心の科学」　子安増生　岩波書店　2000年：日本の心の理論研究の第一人者による、心の理論の入門書。子どもの理解のために心の理論がいかに重要であるのかを実感できる書となっている。

「私はいつ生まれるか」　板倉昭二　ちくま新書　2006年：自己意識がいつ、どのように生まれるのかについて、具体的な実験を紹介しながらわかりやすく解説している。チンパンジーやニホンザルの実験の紹介も多く、「私」の系統発生的な起源にも迫る。

【コラム：自分という意識の芽生え】

「私はなぜ私なのか」「私はどこから来たのか」「なぜ私は他の時代ではなくこの特定の時代に生まれたのか」などの問いは、「私はなぜ私なのか」という問いに集約することができる。「主観をそれ自身1個の世界として見出すこと」、あるいは「自分が自分自身であるという、内なる自己との出会いの体験」を自我体験とよぶ。一般に、自我体験は、青年期の始まりに生じるという。

「私はなぜ私なのか」という問いは、哲学や宗教学で古くから取り上げられてきた問題でもある。単純なようにみえて実はこの問いは深い。なぜなら、その指し示す内容や意味が複数あるからである。

天谷（2011）は、自我体験がいつ頃、どのように生じるのかということについて、小学生から大学生を対象に、インタビューや質問紙調査を実施して、検討した。天谷は、「私」と表記される水準が2種類あると考えた。自分自身を意味する「私」が「私1」、「ここにいる、この時代にいる、このような体で、このような特性を持つ」ような、つまり一回限りの現在の自己が「私2」である。そして、自我体験は「私1」について「なぜ」という問いや感覚的違和感を持ち始める体験と定義した。この自我体験には、「存在への問い」（なぜ私1は私2なのか）、「起源・場所への問い」（私1はなぜこの時代、この場所に存在しているのか、など）、「存在への感覚的違和感」（私1はなぜ＊＊という名前（私2の名前）なのか、など）の下位側面がある。

天谷の一連の研究から、自我体験には表2-2のような15種類の問いがあることがわかった。また、自我体験の初発は、「わからない」と回答する人も多く、体験率は3割程度であった。よって、自我体験を経ることは、発達的に「誰でも通る道」とは言えないようだ。また、自我体験の内容は、他者に開示されることも非常に少ない。

自我体験を経ることによって、自分自身のみならず、他者や社会との関係、脳科学や哲学などの他分野への興味、視野の広がりなどが見出されるようだ。「私はなぜ私なのか」の問いに対する答えは必ずしも見つからな

いものの、思考や興味の拡大をもたらすといえよう。

表2-2　自我体験における15の問い

1. 自分はどこから来たのだろう
2. 自分はどこへ行くのだろう
3. 自分は何だろう
4. 自分は誰だろう
5. いったい何をもって「自分」としているのか
6. 自分の正体って何だろう
7. そもそも存在そのものが不思議だ
8. 自分は本当に自分か
9. 自分はなぜ自分なのだろう
10. だれでもなく、どうして自分なのだろう
11. 自分が自分であることが不思議だ
12. なぜ私はこの体をえらんだのか
13. 私が私としてでなく、他のだれかとして生まれたということもありえたのに、どうして私となっているのだろう
14. いろんな人がいるのに、なぜたまたま私なのだろう
15. 自分はなぜ他の国や他の時代ではなく、日本の、この時代に生まれたのか

Chapter 03

児童期の発達

探検家たちの宝箱

　小学生になり学校に通い始めるという経験は、人生において最も大きな環境の変化のひとつである。第3章では、児童期とよばれる小学校の6年間を扱う。友達と遊び、学校に通い、楽しそうに見える小学生時代は、必ずしも平坦な道のりではない。友達を作ること、だんだん難しくなる学校の授業についていくこと、これらのなかにつまずきのきっかけが潜んでいる。第1節では、「9歳の壁」とよばれる現象を材料にして、児童期の認知、ことば、自己概念の発達を探る。第2節では、仲間関係や対人葛藤などの社会性の発達を軸に、児童期の特徴を概観する。

第1節　9歳の壁とは何か？

1．9歳の壁とよばれる現象

　一般の学校教育では、9歳、10歳頃につまずきがみられるという。これは「9歳の壁」ともよばれ、小学校中学年の時期に学校教育においてみられる学習のつまずきの問題である。算数の学習遅滞児の割合も、小学4年生から増加し始め、小学6年生には15％程度に達する（図3-1）。9歳の壁に関する指摘が初めてなされたのは、聴覚障害児に対する教育の分野であった。知的能力の面では障害をもたない聴覚障害児が、小学校中学年以上の教材に困難を示すことが知られていたという。その後、障害をもたない小学生でも、中学年でつまずきが増加することが教育現場で指摘されるようになった。確かに学習指導要領を見ると、小学校低学年が具体物を使った思考を中心とした学習であるのに対し、小学校中学年以降、抽象的な思考が求められるようになっていく。では、そも

83

そも9歳、10歳という時期はどのような時期なのだろうか。なぜ、この時期に問題が生じるのだろうか。本節では、児童期の認知とことばの発達、そして自己概念の発達を概観しよう。

2. 認知の発達

ピアジェの発達段階によると、小学校低学年と中学年は具体的操作期、高学年になると形式的操作期の始まりの時期である。中学年の時期は、具体的操作期の思考が最も充実し、抽象的な思考が可能になる形式的操作期の思考の萌芽もみられる。本節では、まず具体的操作期と形式的操作期の特徴について、次に、概念発達について、最後にメタ認知についてみてみよう。

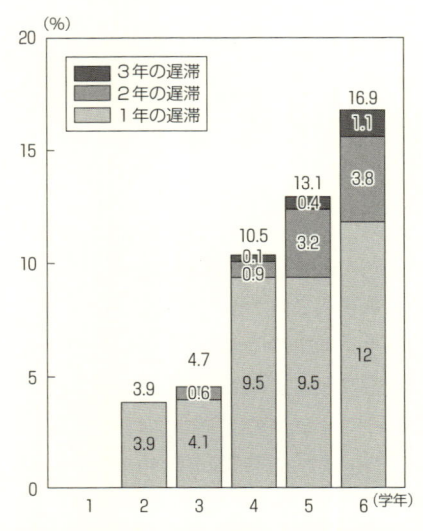

図3-1 各学年における算数の学習遅滞児の割合（天野・黒須, 1992；藤村, 2009より）

（1）具体的操作期と形式的操作期

具体的操作期になると、前操作期までは困難であった保存課題、分類課題、系列化課題などに成功するようになる。つまり、見た目にとらわれず、具体的な事物・事象に限っては、論理的な思考が可能になる。たとえば、数、液量、長さの保存課題すべてにおいて、元に戻せば最初と同じになるという可逆性、あるところが増えたときには別のところが減っているという相補性、見かけが変わっても同じものであるという同一性が理解できるのである。次に、分類とは、事物をカテゴリに分けることである。たとえば、「ネコが5匹、犬が3匹いるとき犬と動物はどちらが多いか」という問題に答えるためには、ネコと犬は動物という全体一部であるという包含関係を理解する必要がある。系列化とは、空間・時間の相対的な関係の理解のことである。たとえば長さの異なる棒を示し、その棒を長い順に並べるように求めたとする。長さの順に並べるため

には、棒Aは棒Bよりも長いが、棒Cより短い、といった、相対的な関係の理解を必要とする。前操作期の子どもは、短い棒と長い棒の固まりに分けることしかできないが、具体的操作段階になると、長さの順に並べることができるようになる（図3-2）。さらに、2つの視点を同時に使って分類することもできる。たとえば、黒い●、白い○、黒い★、白い☆の4種類を色（黒か白か）と形（○か☆か）の2次元で分類することができる（図3-3）。

その後の形式的操作段階では、具体的なことがらだけではなく、記号や数字のような抽象的なことがらや、事実に反するようなことがらに関して思考できるようになっていく。たとえば「ネズミはネコより大きく、ネコはゾウより大きい。このとき、ネズミとゾウはどちらが大きいか」という問題について、形式的操作期になれば、実際のネズミやゾウの大きさに惑わされずに、A＞B、B＞Cという大小関係を理解して解答することができるようになっていく。また、図3-4のようなフラスコ課題にも適切に解答できる。これは、フラスコに入った無色透明の4種類の液体と、gとよばれる液体を提示し、どのように組み合わせれば色が変化するかを考えさせる課題である。具体的操作期の子どもは、すべての組み合わせを考えることができず、大きさの違うgに注目してしまう傾向が強い。それに対し、形式的操作期の子ども

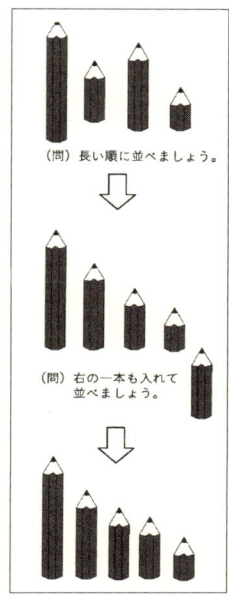

図3-2　系列化課題の例
（福田, 2012より）

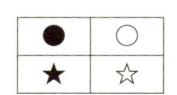

図3-3　2次元の分類

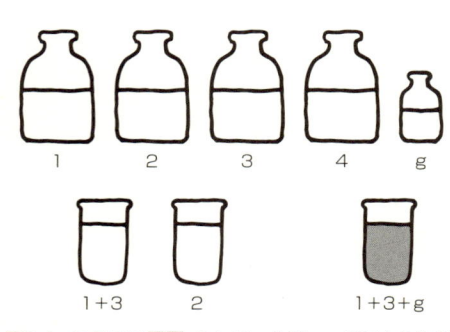

図3-4　フラスコ課題（Inhelder & Piaget, 1955より作成）

第1節　9歳の壁とは何か？　85

は、すべての可能な組み合わせを考えることができるようになっていく。

　形式的操作は、創造性も高めるようだ。シェイファー（Shaffer, 1973）の興味深い研究をみてみよう。9歳と11歳の子どもに対し、もしも3つの目があるとしたら身体のどこにあるといいかということを考えさせたところ、具体的操作期の子どもは、目の近くなど、現実的な発想をした。しかし、11歳の形式的操作期の子どもは、頭の上、手のひら、口の中など、独創的な発想をするようになったのだ。

　(2) 概念の発達

　我々は、概念を使って考えたり、問題を解決したりしている。概念は、思考を豊かにする。たとえば、概念は、世界を何らかの単位で分類することができる。まだ見たこともないことがらを、既存の概念を用いて、予測することができる。地球の概念の研究をみてみよう。ヴォスニアドウら（Vosniadou & Brewer, 1992）は、小学1、3、5年生に対し、地球に関する質問を行い、地球や太陽などの天体運動に関して子どもが持つイメージを検討した。幼児でも地球の形は「丸い」と知っているものだ。しかし、子どもは地球の形を必ずしも科学的に正しく理解しているとは限らない。たとえば、次のようなやりとりをみてみよう。

　【事例1　ジャーミー（小学3年生）】
　実験者（以下「実」と表す）：地球はどんな形をしている？
　J：丸い
　実：地球の絵を描いてくれる？
　J：（円を描く）
　実：ずっとまっすぐまっすぐ歩き続けたらどこにたどり着く？
　J：別の星
　実：地球の端にたどり着かない？
　J：うん、ずっと歩き続ければね
　実：端から落っこちてしまうと思う？
　J：たぶんね

86　第3章　児童期の発達：探検家たちの宝箱

【事例2　テリーナ（小学5年生）】
実：地球はどんな形をしてるの？
T：地球は丸いけど、私たちには平らに見えるの
実：なぜ？
T：ぐるっと見渡すとまるいから
実：地球の形は本当はどうなっているの？
T：丸いの、厚いパンケーキのように

【事例3　マシュー（小学1年生）】
実：ずっとまっすぐまっすぐ歩き続けたらどこにたどり着くと思う？
M：地球の端に行き着くと思う
実：君は地球の端に行けると思う？
M：行けないんじゃないかな？
実：うんといっぱい食べ物をもってずっとずっと歩き続けたら？
M：たぶん行けるかも
実：そしたら地球の端から落ちてしまうと思う？
M：ううん、落ちない。地球の外側にいたら落ちるかもしれないけれど、僕たちは内側にいるんだから落ちることはない。（今井・野島，2003）

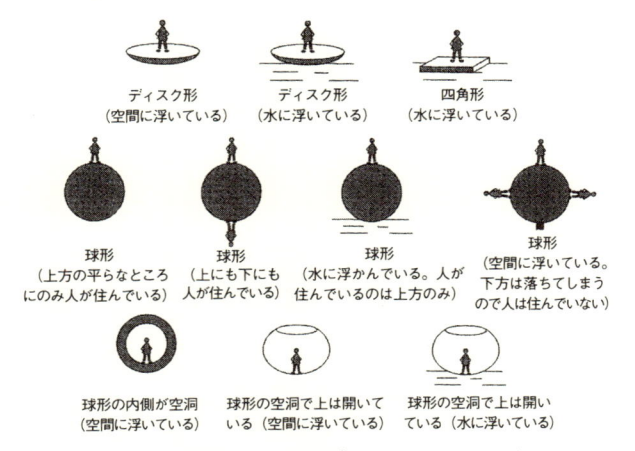

図3-5　地球のメンタルモデル（今井ら，2012より）

第1節　9歳の壁とは何か？　　87

このように、子どもたちは、地球を表面が平らなパンケーキのような形だと思っていたり、自分たちはドームの中に住んでいると想像したりしている。ヴォスニアドウらは、概念のイメージをメンタルモデルとよび、児童がもっている地球のメンタルモデルには図3-5のようなものがあることを見出した。小学1年生では非科学的なモデルが多いが、3年生になると、多様なモデルが出現し、科学的なモデルである球形モデルも増える。5年生になると、半分以上の子どもが球形モデルを構成する。

(3) メタ認知

　児童期に飛躍的に発達するのがメタ認知の能力である。小学生になると、どうやって考えればよいか、自分の考えていることがあっているか、といったように、自らの思考をふりかえることができるようになる。この自らの思考をふりかえるような能力は、メタ認知とよばれる。よりよい思考を行う上で、メタ認知は重要な役割を担っている。

　メタ認知能力を調べる実験をみてみよう（Yussen & Levy, 1975）。子どもに10枚の絵を見せ、自分が何枚覚えることができるかを予測させ、実際にどれくらい覚えることができるかを調べたところ、幼児は、覚えることができると予測した枚数と実際に覚えることができた枚数に大きなずれがあった。小学4年生になると、覚えることができる枚数の正確さは、成人と同程度になる。つまり、小学校中学年以降になると、自分がどの程度記憶できるのかをある程度正確に見積もれるようになるのである。

　メタ認知は、記憶だけではなく、あらゆるタイプの思考においても重要である。たとえば、算数の文章題を解くには、問題を理解する、計算を実行する、計算結果を書くなどの段階がある。小学校中学年になると、あらゆる段階に均等に注意を配分することができ、どの部分が苦手であるのかなどもわかるようになってくる。

3．ことばの発達

　児童期には、ことばの発達もめざましい。幼児期の言語活動は、親しい人と

の一対一の直接対話が中心となる。これは一次的ことばとよばれ、具体的なことがらについて、状況の文脈に頼りながら行われるものである。学校での勉強が始まると、二次的ことばとよばれる言語活動が求められるようになる。教科書は、抽象化された聞き手一般に向けて書かれている。先生の話を教室内で聞くことは、自分一人にだけではなく、不特定多数の人たちに向けたかたりである。また、どちらも、基本的にはことばの文脈だけに頼って、一方向的伝達として行われる。幼児期は一次的ことばが中心であるが、児童期になると、二次的ことばも獲得する必要がある。かといって、子どもの生活から一次的ことばが消えてしまうわけではない。二次的ことばは一次的ことばに深まりを見せるものである。また、二次的ことばには、話しことばに加えて書きことばが含まれる。このように児童期は、一次的ことば、二次的ことば、書きことばが、重層的に発達していくのである（図3-6）。

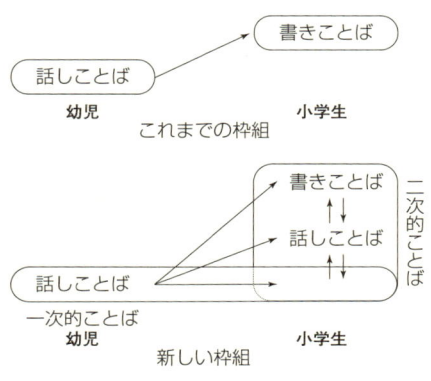

図3-6　一次的ことばと二次的ことば（岡本, 1985より）

4．自己の発達と自尊心

　また児童期には、自己概念も大きく変化する。では第2章第3節で概観した幼児期以降、どのように自己が発達するのだろうか。

　幼児期においては自分について説明を求められると、子どもは、名前や持ち物のような外面的、客観的内容を中心に話す。それが児童期になると、加齢とともに、外面的、客観的内容が減少し、価値観や心理的な特徴などのような内面的な内容が増えていく。しかし、単に客観的な理解から内面的な理解へ、という単純な変化というわけではない。

　デーモンとハート（Damon & Hart, 1982）は、自己のさまざまな側面について

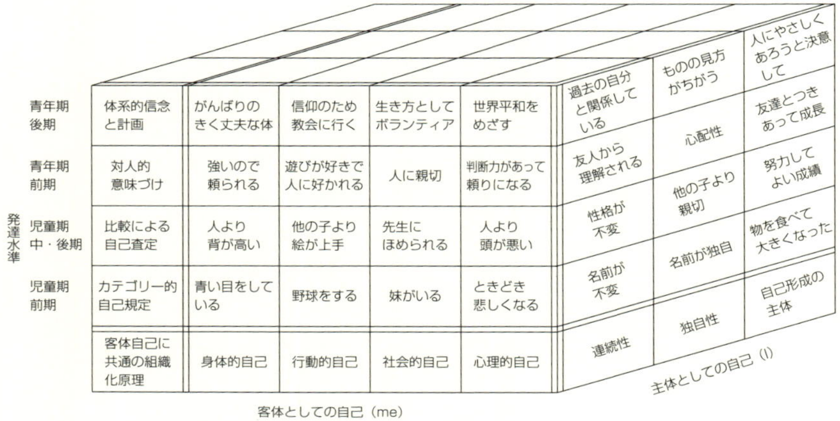

図3-7　自己理解の発達モデル（Damon & Hart, 1988より作成）

のインタビューによって、幼児期から青年期の自己理解の多面的発達モデルを提示した。この理論では、第2章で紹介したジェームスの2つの自己、すなわちIとmeは、次のように分かれる。Iは、連続性、独自性、エージェンシー（自己形成の主体）の3成分に分かれ、meは、身体的自己、行動的自己、社会的自己、心理的自己の4つに区分される。図3-7に示されるように、自己理解のそれぞれの成分が発達し、統合されていく。たとえば児童期前期で強調されるのは身体的特徴であり、児童期中・後期になると行動的特徴が強調される。続く青年期では社会的に他人から期待されることや他人がもつ意見に敏感に対応するようになる。つまり、青年期には、社会的視点が現れ、また、自己の定義が信念や哲学、あるいは道徳的基準に基づくようになるとされる。

　児童期における自己の重要な変化は、幼児期までにみられた過剰なまでに肯定的な自己概念にかげりがみえることであるかもしれない。図3-8にみられるように、9歳から12歳頃、自尊心が急激に低下する。幼児期の楽天的な自己概念や将来展望からすると、児童期は「あれもできない」「これもできない」と自己嫌悪に陥ってしまう時期なのかもしれない。

　ハーター（Harter, 1982）は、児童にとって重要な領域として、4つのコンピ

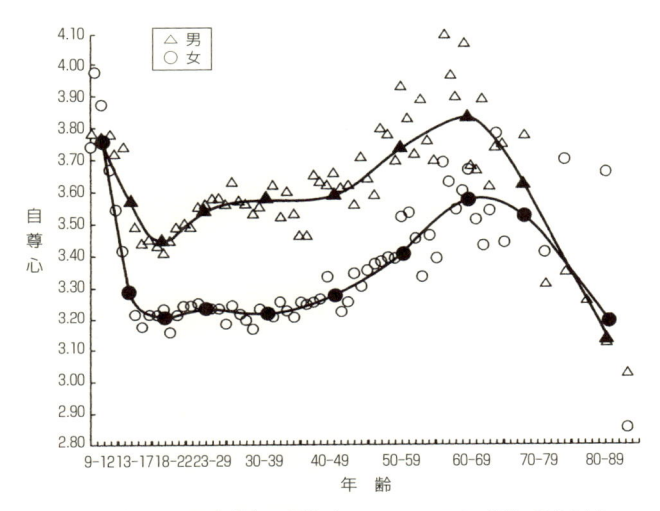

図3-8　年齢による自尊心の変化　（Robins et al., 2002；渡辺, 2011より）

テンスの側面をあげた（コンピテンスとは、潜在的能力という意味である）。4つのコンピテンスとは、認知的コンピテンス、社会的コンピテンス、身体的コンピテンス、全体的自己価値である。認知的コンピテンスには、勉強や記憶力などの、自分の能力に対する評価が含まれる。社会的コンピテンスは、友人関係や対人関係などにかかわる領域である。身体的コンピテンスは、スポーツなどの能力である。全体的自己価値は、自分についての総合的な満足にかかわる領域である。9、10歳頃になると、認知能力の発達に支えられて、自分の未熟なところや弱いところにも目がいくようになる。他者と比較して、相対的に自分の欠点もわかるようになる。自尊心が低下する理由のひとつは、このように自分に厳しくなっていくためと考えられる。

5. まとめ

児童期は大きく成長し、発展する可能性を秘めた時期である。しかしその一方で、学校で学ぶ内容が抽象的になっていくこと、思考の発達にともない他者

第1節　9歳の壁とは何か？

との比較ができるようになり自尊心が低下することなどから、つまずきの原因が潜んでいる時期でもある。

　ここでぜひ考えてほしいのは、児童期という子ども時代が、なぜこれほど長いのか、ということである。知能の高い動物は、基本的に子ども時代が長い。児童期は幼児期と異なり、現実離れした自己肯定感や楽天性は失われているゆえ、ときには失敗して落ち込んでしまうこともある。だからこそ、より高いレベルの思考への発達のために、発達の転換点を複数用意した長い児童期が存在するのかもしれない。親や教師などの大人から守られ、いろいろなことに挑戦し、ときには失敗することが許される時期、それが子ども時代なのではないだろうか。

　児童期は、認知や概念発達のみならず、友人とのかかわり方など、人間関係にも大きな変化がある。さて、次節では、児童期の社会性についてみてみよう。

第2節　友達とうまくいかないのはなぜか？

　児童期の子どもにとって、友達を作ることや学校で級友とうまくつきあうこと、つまり友達の問題は最も重要な関心ごとといってよい。もちろん、親子関係の重要性は継続するが、同輩との友達関係は、この時期の子どもの発達に大きな影響を及ぼす。しかし、中には、うまく友達関係を構築できない子どももいる。では、友達関係や仲間関係はどのように発達するのだろうか。子どもは友達とのいざこざをどのように解決するのだろうか。本節では、まず、児童期の子どもの仲間集団の特徴を解説する。そして、役割取得能力、社会的情報処理理論、対人葛藤解決方略、感情リテラシーの観点から、友達関係について考えていく。最後に、よい友達関係の構築のための社会的スキルのトレーニングについても紹介する。これらの理論や実験結果を通して、児童期の子どもの社会性がどのように変化していくのかを考えていこう。

1. 仲間関係の発達
(1)児童にとって「友達」とは？

　一般に、児童期になると、親子関係から仲間関係が重要になってくるといわれるが、児童自身もそのように認識しているのだろうか。対人関係の枠組みの発達的変化を検討した研究をみてみよう（高橋, 1983）。

　小学校2、4、6年生を対象に、「食事する」、「風呂に入る」、「一緒に遊ぶ」などのさまざまな状況について、そのような場合に誰と一緒に行うことを望むのかが尋ねられた（図3-9）。その結果、友達を選択する状況の数が、学年がすすむにつれて増加した。図3-10は、対人関係のタイプを学年別に示したものである。このように母親型、父親型などの家族の選択が中心のタイプは、小学2、4年生では半数以上を占める。しかし、6年生になると、2割弱にまで減少する。また、場面により家族や仲間を選び分けるタイプは、学年がすすむにつれて増加する。以上から、小学4年生から6年生にかけて、対人関係の枠組みに占める仲間の比重が増加し、その一方で家族の比重が減少することが示唆される。

　では、児童にとって「友達」とはどのような存在なのであろうか。ユーニスら（Youniss, 1980）は、6歳から14歳の子どもに対して、「友達というのはどんな人のこと？」等といったインタビューを行った。その結果、小学校低学年では、一緒に遊んだり、ものをくれたりする人が友達であると答えることが多かった。そして、中学年以降は、困ったときに助けあったり、苦しいときに励ましあう人が友達であると認識するようになるようだ。

　このように、児童期における友人関係は、まず物理的な条件や表面的なやりとりが中心となる関係、その後他者

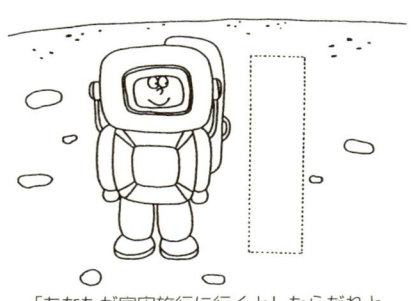

「あなたが宇宙旅行に行くとしたらだれともっともいっしょに行きたいですか？」

図3-9　対人枠組みの調査に用いられた図版の例
　　　（児童用）（高橋, 1983より）

第2節　友達とうまくいかないのはなぜか？

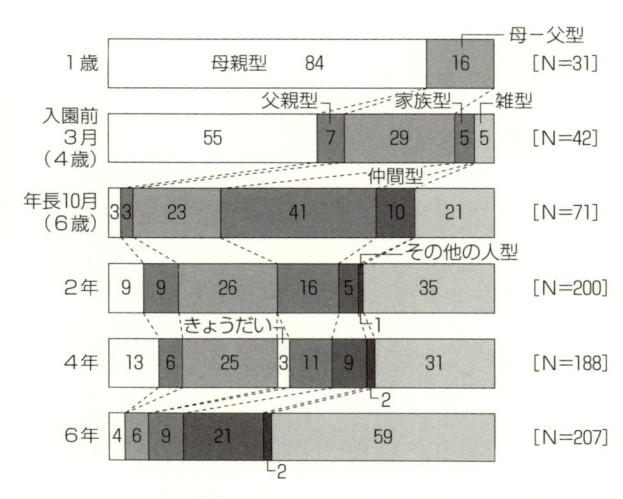

1歳	母親型 84			母-父型 16			[N=31]

父親型 家族型 雑型
入園前3月（4歳）: 55 / 7 / 29 / 5 / 5 [N=42]

仲間型
年長10月（6歳）: 3 / 3 / 23 / 41 / 10 / 21 [N=71]

その他の人型
2年: 9 / 9 / 26 / 16 / 5 / 35 [N=200]
きょうだい

4年: 13 / 6 / 25 / 3 / 11 / 9 / 31 [N=188]

6年: 4 / 6 / 9 / 21 / 59 [N=207]

図3-10　対人関係タイプ別（高橋, 1983；藤村, 2011より）

の内面が重視される互恵的な関係へと変化すると考えられる。

（2）児童期の仲間集団の特徴

　児童期において、仲間集団の質的な変化もみられる。保坂ら（1986, 1998）によると、児童期から青年期の友人関係には3つの位相があるという。第1の位相のギャンググループは、外面的な同一行動による一体感が重視される仲間関係であり、主に児童期にみられる。第2のチャムグループは、互いの類似性をことばで確かめあうという内面的な類似性の確認が重視される仲間関係であり、一般には小学校高学年からみられる。第3のピアグループは、内面外面とも異質性を認め、自立した個人として尊重しあう仲間関係であり、メンバーの異なる価値観を受け入れられることが特徴である。これは青年期中期頃からみられるようになる。つまり、仲間関係は、仲間に対して同一的であった時期から、個別性を重視し、それを受け入れる時期へと変化していくのである。

　これらの仲間集団に属することは、発達においてどのような意味があるのだろうか。ギャンググループは、ダイナミックで冒険的な遊びを好み、隠れ家を

持つなど、大人から隠れた秘密の社会を形成する集団である。集団の中で誰が何をするのか役割分化されており、仲間同士であることを示すために共通のアイテムやあいことばを共有することがある。また、集団内のおきてや規則が明確であり、子どもは集団に所属するために、自己中心的行動をおさえ、協同しなければならない。ギャンググループに所属することで、子どもは社会の一員として適応的な行動を身につけるのである。一方、チャムグループに所属すること、あるいはチャムという親友を作ることは、自分らしさを発揮し、自分自身というものを考えていく基礎となる。チャムグループは同質性を求める傾向が強いために、自分たちとは「ちょっと変わった」他者、つまり「異質な他者」を受容しにくいという側面もある。単純化は慎むべきではあるが、児童期後期から青年期前期に激増するいじめや不登校の背景には、その時期の典型的な友人関係（チャムグループ）の特徴が関与しているとも考えられる。

　では、このような友人関係には、どのような発達的な要因が関係するのだろうか。友人関係を維持し、発展させるには、他者の立場を理解すること、トラブルがあってもうまく対応すること、自分の感情および他者の感情に対し適切に対応することなどが必要となる。これらの発達を順にみていこう。

2．役割取得の発達

　友達関係を含む人間関係を維持、発展する上で重要な能力のひとつに、相手の立場に立って考え、相手の気持ちを理解して行動するという、役割取得能力がある。役割取得能力とは、相手の立場に立って心情を推し量り、自分の考えや気持ちと同等に他者の考えや気持ちを受け入れ、調整し、対人交渉に生かす能力のことである。そのなかには、(1)自他の観点の違いを意識すること、(2)他者の感情や思考などの内的特性を推論すること、(3)それに基づいて自分の役割行動を決定すること、という3つの機能が含まれている。

　セルマン（R. L. Selman）は、このような社会的視点取得能力（役割取得能力）を測定するために、ジレンマ課題を作成した（たとえば表3-1のホーリーのジレンマ）。セルマンによると、役割取得は、自分の視点からしか物事をとらえられない段

表3-1　ホーリーのジレンマ

　ホーリーは木登りの好きな８歳の女の子です。彼女は近所で一番木登りが上手でした。ある日高い木から降りようとして、木から落ちてしまいました。しかし、けがはありませんでした。ホーリーのお父さんは、ホーリーが落ちるのを見ていました。お父さんは心配し、ホーリーに、これからはもう木登りをしないと約束をするように言いました。ホーリーは約束しました。
　何日かして、ホーリーと彼女の友達がショーンに会いました。ショーンの子猫が木にはさまれて、降りられなくなってしまいました。すぐにどうにかしなければなりません。そうしないとその子猫は落ちてしまいます。子猫の近くまで登っていって、子猫を降ろすことができるのはホーリーしかいません。でも、ホーリーはお父さんとの約束を思い出しています。

（役割取得の質問）
１．ホーリーはショーンが子猫のことをどう思っているか知っていますか。
２．もしホーリーが木に登ったことをお父さんが知れば、お父さんはどんな気持ちになるでしょう。
３．もしホーリーが木に登ったことをお父さんが知れば、ホーリーはお父さんがどうするだろうと考えますか。
４．このような状況であなたはどうしますか。

表3-2　セルマンの社会的視点取得能力の発達段階（渡辺，2000より）

レベル０：自己中心的役割取得（3-5歳）
　　　　自分の視点と他者の視点を区別することがむずかしい。同時に、他者の身体的特性を心理面と区別することがむずかしい。同じ状況でも、自分の見方と他者の見方が必ずしも同じでないことがあることに気づかない。

レベル１：主観的役割取得（6-7歳）
　　　　自分の視点と他者の視点を区別して理解するが同時に双方を関連づけることができない。また、他者の意図と行動を区別して考えられるようになることから、行動が意図的かそうでないかを考慮するようにもなる。ただし、「他者が笑っていれば幸せだ」といった表面的な行動から感情を判断するところがある。

レベル２：二人称相応的役割取得（8-11歳）
　　　　他者の視点に立って自分の思考や行動について内省できる。したがって、他者もそうすることができることがわかる。また、外見と自分だけが知る現実の自分という２つの層が存在することを理解し、社会的な交渉もそうした２層性で営まれているがために、人の内省を正しく理解するのは限界があることを認識できるようになる。

レベル３：三人称相互的役割取得（12-14歳）
　　　　自分と他者の視点の外、すなわち、第三者的視点をとることができるようになる。したがって、自分と他者の観点の外から、自分と他者の視点や相互作用を互いに調節し、考慮することができるようになる。

レベル４：一般化された他者としての役割取得段階（15-18歳）
　　　　多様な視点が存在する状況で自分自身の視点を理解する。人のなかにある無意識の世界を理解する。互いの主観的視点がより深い、象徴的レベルで存在するものと概念化しているため、「言わなくても明らかな」といった深いところで共有された意味を認識する。

階（自己中心的役割取得）から、自分の視点と他者の視点を区別して理解できるが双方を関連づけることができない段階（主観的役割取得）、他者の視点に立って自分の思考や行動を内省できる段階（二人称相応的役割取得）を経て、自分と相手以外の第三者の視点に立つこと（三人称相互的役割取得）、さらには、さまざまな視点が存在するなかで自分自身の視点を理解できるようになる段階（一般化された他者としての役割取得段階）へと発達する（表3-2）。児童期は、二人称相応的役割取得から三人称相互的役割取得へと変化していく時期である。

3．問題解決の過程：社会的情報処理理論

　他の子どもに暴力をふるう子どもは、なぜそのような行動をとってしまうのだろうか。対人的な相互作用は一種の問題解決の過程と考えることができる。「当然の報復のために」攻撃をしているのか、「かっとなってつい」攻撃をしているのか、同じ「攻撃行動」といっても、行動にいたるまでのプロセスは異なるかもしれない。ダッジ（K. A. Dodge）は、行動の生起するメカニズムの社会的情報処理過程をモデル化した。図3-11のように、問題が生じ、解決するための行動までには、複数の情報処理のステップがある。まず、ある社会的問題に直面すると、(1)子どもはその状況の中にある社会的な手がかりを知覚し（どんな状況だったか）、(2)解釈し（たとえば、相手はわざとしたのか）、(3)目標を設定し（たとえば、その人と仲良くしたいのか）、(4)その解釈に対応する適切な反応を自分のデータベース（長期記憶）の中から探索し、(5)その中の最も有効で実行可能と思われる反応を選択し、(6)実行するという、6つのステップを通して処理する。この情報処理過程は、通常は無意識的になされている。そして、この情報処理の過程には、個人の経験や知識、社会的スキルがかかわってくる。また、問題行動をする子どもが、この6つのステップのどの過程に問題があるのかには個人差がある。(2)の解釈が間違っている、あるいは歪んでいるためかもしれないし、(4)のデータベースの中の方略がそもそも少なく偏っているためかもしれない。偏った方略しかもっていない場合は、行動は柔軟さを欠くことになる。たとえば、「怒りだす」という方略しかもっていない子どもは、どんな状況でも「怒

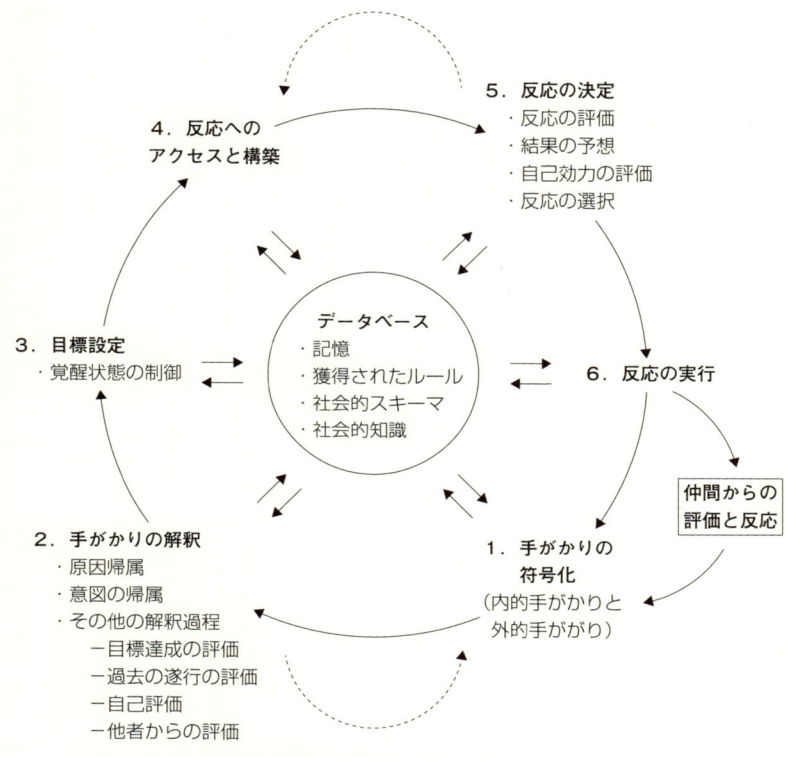

図3-11　ダッジの社会的情報処理モデル（Crick & Dodge, 1994；鈴木, 2011より）

```
5. 反応の決定
 ・反応の評価
 ・結果の予想
 ・自己効力の評価
 ・反応の選択

4. 反応への
   アクセスと構築

3. 目標設定
 ・覚醒状態の制御

2. 手がかりの解釈
 ・原因帰属
 ・意図の帰属
 ・その他の解釈過程
   ―目標達成の評価
   ―過去の遂行の評価
   ―自己評価
   ―他者からの評価

1. 手がかりの符号化
 （内的手がかりと外的手がかり）

6. 反応の実行

データベース
 ・記憶
 ・獲得されたルール
 ・社会的スキーマ
 ・社会的知識

仲間からの評価と反応
```

りだす」ことしかしないのである。

4．対人交渉方略の発達

　仲間との相互作用には、対人的トラブルがつきものである。たとえば、班の自由研究をするときメンバー間で興味が異なっている、友達がしたい遊びと自分がしたい遊びが違っているなど、意見が一致しないことも多いだろう。このようなトラブルの大部分は、自分と他者の好みや考えが異なるということから生じる。

セルマン（Selman, 2003）は、これらの対人的問題を考えるにあたり、役割取得能力の段階が行動とかかわっていると考えた。つまり、相手の立場に立つ能力が高まると、葛藤が生じたときに適切な行動を選択することができるのである。セルマンはこのような考えに基づき、INS（Interpersonal Negotiation Strategy）という、対人交渉方略のモデルを開発した（図3-12）。INSとは、ある社会的葛藤状況において、個人と他者との間で生じる不均衡を解決するための交渉に焦点をあてたモデルである。また、このモデル

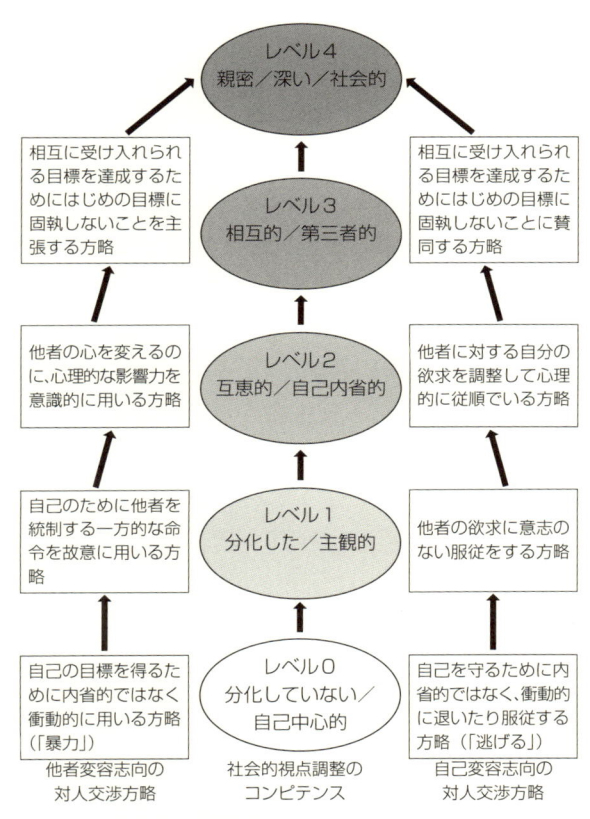

図3-12 社会的視点調整能力と対人交渉方略（Selman, 2003；渡辺, 2011より）

には先述の社会的情報処理理論も組み込まれ、解決のプロセスには、問題定義、方略の算出、方略の選択と実行、結果の評価という4つの社会情報処理ステップが想定されている。そして各ステップには、未分化で自己中心的なものから、互恵的で第三者的なものへの4段階のレベルが設定されている。さらに、対人葛藤を解決する際のINSには、他者の欲求を変化させる他者変容志向、自己の欲求を変化させる自己変容志向が設定されている。つまり、社会的情報処理理論と発達段階の想定が統合されたモデルなのである。なお、INSを測定する

第2節 友達とうまくいかないのはなぜか？ 99

質問紙も作成されている（資料3-1）。年齢とともに INS の発達レベルが上がることが、日本の研究でも示されている。

5. 感情リテラシー

他者の感情を理解すること、自分の感情をうまくコントロールして上手に表現することは、対人関係の維持、発展において必須の技能である。感情は、感情、情動、情緒、気分を含む包括的な用語であり、厳密には区分されるが、本節では、感情ということばで統一して使用することとする。また、本節で扱うのは、どのような感情が起こるのかという感情自体の発達ではなく、感情の表出や感情の理解など、感情リテラシーの発達である。感情自体の発達についてはコラムを参照してほしい。

1歳前後になると、子どもは自力で行動決定が難しい場面で、重要な他者の表情を手がかりにして行動を決定するようになる。これを社会的参照とよぶ。社会的参照が可能になるには、他者の表情の意味を読み取れなければならない。ギブソンとウォーク（Gibson & Walk, 1960）は、視覚的断崖を用いて、社会的参照の実験を行った。生後1歳前後の子どもを、図3-13のような台にのせ、ガラスが透けている側に他者（たとえば母親）が立つ。子どもは底が透けて見える箇所を渡るのを躊躇するが、他者が笑顔で促すと、ガラスの床を渡る。だが6ヵ月の乳児は、同様の実験において、他者が笑顔で促しても渡ってこない。このように、子どもは発達の初期から他者の表情を読み取り、感情に対して敏感であるようだ。

幼児期になると、目の前にあるお菓子を欲しいけれどす

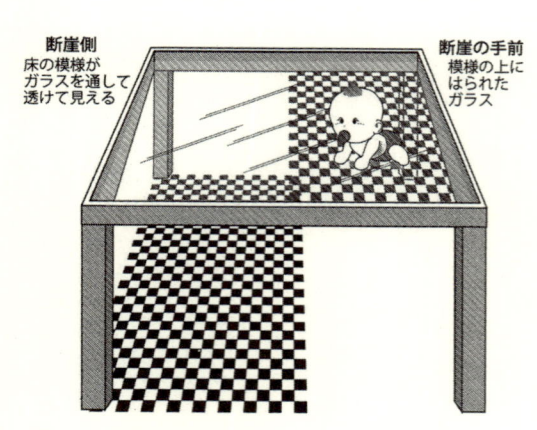

図3-13　視覚的断崖の装置（Gibson & Walk, 1960より作成）

ぐに手を出さないなど、感情を統制することも可能になる。また、うれしくて楽しいなどのように、2つの感情が同時に生じることも理解できるようになる。しかし、「うれしいけれど怖い」のような、ポジティブとネガティブの両側面をもつ2つ以上が同時に存在する感情は「入り混じった感情」とよばれ、児童期以降に理解がすすむと言われている。

6. 社会的スキルのトレーニング

　友人関係の変化、そしてそれにかかわる要因（役割取得、対人関係方略、感情リテラシー）の発達を確認してきた。児童期の仲間関係を通して、これらの能力が「自然に」発達することもある一方、うまく仲間関係を築けない、友達とうまくつきあえない子どもも存在する。近年、そのような子どもに対する社会的スキルの向上を目指したトレーニングも注目されている。このトレーニングでは、友達関係でのトラブルを、個人の性格に原因を求めず、あくまで「スキルが未熟である」、ゆえに「練習すれば上手になる」と考える。適切な行動にいたる過程には、ある状況に直面したとき柔軟で多様な捉え方ができること（認知）、イライラや嫉妬などの感情を調節すること（感情）、状況にふさわしい行動レパートリーを増やして選択できること（遂行）が必要となる。

　社会的スキルトレーニングは、次の6つのステップを踏むことが多い。

①ウォーミングアップ：気持ちをほぐすために、行う。深呼吸をする程度の簡単なものからゲームの実施まで、さまざまである。

②インストラクション：取り上げるスキルの重要性を説明する。

③モデリング：学ぶスキルを示す認知、感情、行動のモデルを提示する。

④リハーサル：認知に組み込み、行動のレパートリーに落とし込むために、行為を反復する。

⑤フィードバック：うまくできたところや改善したほうがよいところを具体的に指摘する。

⑥ホームワーク：学んだスキルを他の場面で活用するために、家庭など他の場所でも練習、体験してみるようにする。

資料3-2は、児童・生徒を対象とした社会的スキルトレーニングの例である。また、章末には、大学生用のスキルトレーニングを掲載したので、実際に試してみてほしい。

7. まとめ

児童期は、仲間関係の重要性が増してくる時期である。親や教師との関係と仲間関係は、いくつかの点で異なる。まず、前者は非対称的な関係なのに対し、後者は対称的、つまり平等な関係である。親子関係や教師との関係は、1対1が中心の少人数の関係であるが、仲間関係は大勢の関係性、たとえば集団の関係性にもつながる。子どもの仲間同士は、能力的にも似ているため、多様な考えや個性に気づき、相互に影響しあう。つまり、集団内での発達が促進される。

しかし、子どものだれもが順調に仲間関係を構築できる訳ではない。児童期の子どもは発展途上であり、未熟な側面をたくさんもっている。小学生をみるとき、「なんて乱暴なんだ」、「なぜお友達の気持ちを読み取ってあげないの」というように、未熟な側面に目がいってしまうことも多いかもしれない。児童期の子どもは、仲間とのやりとりを通して、他者を援助し、他者を理解する力を発達させていく。最終的には仲間関係は個別の友人関係を超えた「社会」につながっていく。現段階では大げさではあるが、よりよい社会を作る力につながっていくのではないだろうか。

ワーク

- **友達関係の変化について話し合ってみよう**：本章で紹介した、児童期から青年期にかけての友達関係の変化（ギャンググループ、チャムグループ、ピアグループ）の体験について話し合ってみよう。
- **社会的スキルトレーニングを体験してみよう**：どのようにすれば上手な断り方ができるだろうか？　まず、「頼みにくい」お願いをそれぞれ考え、紙に書いてみよう。たとえば、「アルバイトのシフトを代わってほしい」「遅くなったので泊めてほしい」などがあるかもしれない。それらのお願いごとを使って、「お願いする人」と「断る人」

のロールプレイをしてみよう。そして、どのような断り方がよいのか、話し合ってみよう。

【読書案内】

「子どもの10歳の壁とは何か？」　渡辺弥生　光文社新書　2011年：10歳前後の変化を子どもの飛躍のきっかけととらえ、認知、感情、人格など、子どもの発達のあらゆる側面について丁寧に解説している。本節で紹介した社会的スキルトレーニングは、この本を参考にさせていただいた。筆者の子どもにそそぐまなざしが温かい。

「ことばと思考」　今井むつみ　岩波新書　2010年：本書では十分に扱うことができなかった、言語発達についてさらに詳しく学ぶことができる。言葉の学習のみならず、人間の学びとは何かについて、深く考えるきっかけとなる書である。

「学ぶということの意味」　佐伯胖　岩波書店　1995年：学びの意味を問い直す、刺激的な書。読み終わったときに人生観が変わるほど影響を受ける人も多い。同シリーズの「わかるということの意味」もおすすめ。

【資料3-1　対人交渉方略を測定する質問】

　A君のクラスでは社会の時間に2人で日本の地方の暮らしについて調べて発表することになりました。A君はB君と一緒に発表します。A君は田舎が雪国なので雪国について調べたいと思っていますが、B君は去年の夏休みに旅行した九州について調べたいと言っています。あなたがA君だったら以下の方法をどのくらい採用すると思いますか？　当てはまる数字に丸をつけて回答してください。

		すると思う	そうすることもある	あまりしない	絶対しない
1	雪国について調べたいから雪国に決めてしまう。	4	3	2	1
2	雪国の生活は変わっていておもしろいから雪国にしようと言う。	4	3	2	1
3	なぜ九州より雪国がいいのか、自分の考えを説明してB君を説得する。	4	3	2	1
4	B君が怒ると怖いから九州にする。	4	3	2	1
5	B君はどうしても九州がいいらしいから九州にする。	4	3	2	1
6	なぜ九州がいいのか詳しく聞いて、おもしろそうだったら九州にする。	4	3	2	1
7	先生に決めてもらう。	4	3	2	1
8	じゃんけんで決める。	4	3	2	1
9	2人にとってどちらにしたら楽しいか、よい発表ができるかよく話し合って決める。	4	3	2	1

1〜3は他者変化志向（番号が大きいほどレベルが高い解決方略）
4〜6は自己変化志向（番号が大きいほどレベルが高い解決方略）
7は権威志向
8はじゃんけん志向（日本においてよくみられる解決方略）
9は協調志向（最もレベルの高い解決方略）

〈活用方法〉
　小学校と中学校の授業では、なぜその解決方略を用いるのか話し合ってみると効果的である。大学生は、どのような解決方法がレベルの高い解決方法なのか考えてみよう。葛藤が起こる相手が目上の人、目下の人など、いろいろな状況を想像してみて、先ほどの回答と変わるかどうかも考えてみよう。

【資料3-2　ソーシャルスキルトレーニング】

　中学や高校の教室で実施できるソーシャルスキルトレーニングを紹介する。ここで扱うのは「感情をコントロールするスキル」であり、導入、展開、まとめで合計50分のセッションとなっている。もちろん、大学生にも十分に有益なトレーニングである。
　授業の狙いは、第１に、普段の自分自身が持っている感情の存在に気づくこと、第２に、感情にのまれずにコントロールする方法を学ぶことである。
　導入（５分程度）では、ソーシャルスキルの５つのルールを確認する。
　　１　じゃまをしない。
　　２　押さない、けんかしない、たたかない。
　　３　ひやかさない。
　　４　全員が参加し、協力する。
　　５　グループでの話し合いを大切にする。
　展開（30分程度）では、まず、感情をコントロールするスキルについて話し合う。スキルの例として、自己会話（セルフ・トーク）、深呼吸、心地のよいイメージをする、その場から離れる、間をとる、などがある（もちろんそれ以外にもたくさんある）。自分にあった方法を使うことが大切であることを確認する。
　次に、感情をコントロールするスキルのモデリングを行う。モデリングとは、本人が直接ほめられたり叱られたりされなくても、他者の行動を観察することで代理的に学習することである。たとえば、次のような「約束を破られる」ストーリーを読み、自分だったらどんな「感情のコントロール方法」を使うのか、考えてみる。そして、グループで話し合い、いろいろな感情をコントロールする方法があることを学ぶ。

　〈約束を破られるストーリー〉
　友達と会う約束があり、ちょうど家を出ようとしたときに、友達から「他の友達との約束を忘れていて、今日はあなたとは遊びにいけなくなっちゃった」と電話がかかってきました。
　話を聞いて、どう思いましたか？　どんな感情のコントロール方法を使いますか？

　最後に、15分程度のまとめを行う。たとえば、次のようなことがらについて確認するとよい。
　　１　ネガティブな感情を感じることは誰にでもある。
　　２　感情に気づき、コントロールすることが大切である。

3 感情をコントロールするスキルのポイントを理解しよう。
4 コントロールのために練習することが大切である。

＊この授業案は、渡辺弥生・小林朋子（編著）「10代を育てるソーシャルスキル教育［改訂版］」（北樹出版）2013年を参考にして作成している。

【コラム：感情の発達】

喜び、悲しみ、嫌悪などの基本的な感情は、生後3ヵ月までに現れる。怒りは遅れて、4～6ヵ月に出現するといわれる。体の一部を固定され、その自由を取り戻そうとするとき、怒りをあらわす。驚きは、予想外の出来ごとに対して起こるものであり、6ヵ月くらいまでには出現する。恐れは、知らないできごとに直面したときに起こる。図3-14は、生後3年間の情動発達モデルである。

感情は、しばしば我々をふりまわすやっかいなものとして認識されるが、実際には、我々の行動を方向づける機能をもつ。感情とは「個人と個人にとって有意味な問題についての環境との関係を確立したり、維持したり、変えたり、中止するために個人が行う試み」(Campos et al., 1992)なのである。図3-14の下方の一連の感情は、自己意識的情動ともよばれ、適切さについての基準に照らしあわせて、自分の行動を評価する場

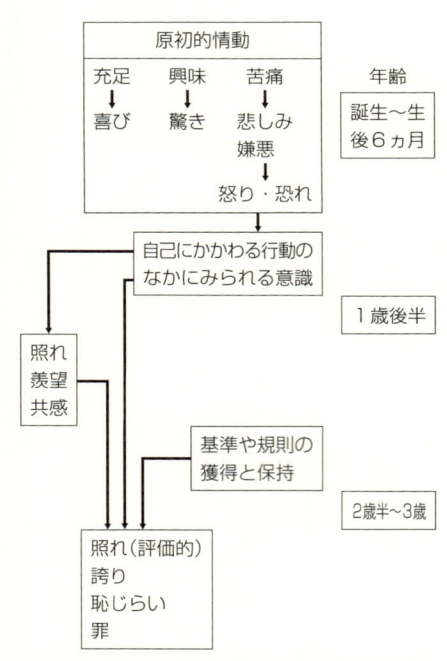

図3-14 生後3年間の感情の発達過程 (Lewis, 1993；氏家, 2006より)

原初的情動：充足、興味、苦痛 → 喜び、驚き、悲しみ・嫌悪 → 怒り・恐れ（誕生～生後6ヵ月）

自己にかかわる行動のなかにみられる意識（1歳後半）：照れ、羨望、共感

基準や規則の獲得と保持（2歳半～3歳）：照れ（評価的）、誇り、恥じらい、罪

106　第3章　児童期の発達：探検家たちの宝箱

合に生じるものである。
　他者の感情を自分の行動の基準として使用することもある。たとえば、社会的参照とは、他者の表情を「参照」して、自身の行動を決定する現象である。よって、人間は、自分の感情をどのように表出するかというルール（感情の表出ルール）を学ばなければならないし、他者の感情を理解する（感情理解、感情推測）ことも必要である。

Chapter 04 青年期の発達

さまよえる旅人たちの休息

　青年期の若者は、身体だけではなく、心のありようや、周囲の人との関係も大きく変化する。自分というものを深く考えるようになると同時に、将来の人生や生活に目を向け、社会についての認識も広がる。また、児童期までの安定した心の状態がいったん崩れることから、青年期は「第二の誕生」とよばれることもある。さらに、この時期の若者の発達は、時代の特徴に大きく影響される。このような問題意識のもと、本章では、青年期を理解する手がかりとして、まず、規範意識とアイデンティティについて扱う。次に、青年期は、社会に目を向け、社会を理解する時期であるということをふまえて、道徳性と社会認識の発達について考えていく。

第1節　青年期の若者の特徴は？

　本節では、青年期の若者の特徴を、規範意識とアイデンティティという2つの観点から探る。一般に青年期には非行や逸脱行動が増加し、反抗的で反社会的な存在とみられることが多くなる。そして自分らしさを探す時期であり、場合によっては自己中心的な態度が目につくこともある。これらが具体的にどのような状態なのかを確認した上で、生涯発達において青年期がどのような意味を持つのか、考えてみよう。

1．青年の規範意識
（1）規範意識の低下
　昨今、若者の規範意識が低下しているといわれる。電車の中で化粧をする、

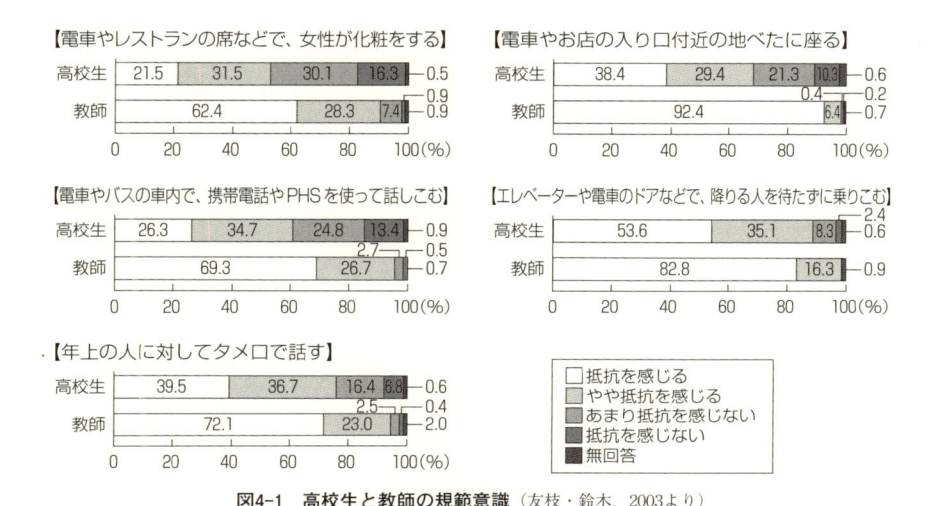

【電車やレストランの席などで、女性が化粧をする】

高校生	21.5	31.5	30.1	16.3	0.5
教師	62.4		28.3	7.4	0.9 / 0.9

【電車やお店の入り口付近の地べたに座る】

高校生	38.4	29.4	21.3	10.3	0.6
教師	92.4			6.4	0.4 / 0.2 / 0.7

【電車やバスの車内で、携帯電話やPHSを使って話しこむ】

高校生	26.3	34.7	24.8	13.4	0.9
教師	69.3		26.7		2.7 / 0.5 / 0.7

【エレベーターや電車のドアなどで、降りる人を待たずに乗りこむ】

高校生	53.6	35.1	8.3	2.4 / 0.6
教師	82.8		16.3	0.9

【年上の人に対してタメ口で話す】

高校生	39.5	36.7	16.4	6.8	0.6
教師	72.1		23.0		2.5 / 0.4 / 2.0

□ 抵抗を感じる
▨ やや抵抗を感じる
▨ あまり抵抗を感じない
■ 抵抗を感じない
■ 無回答

図4-1　高校生と教師の規範意識（友枝・鈴木，2003より）

座り込む、お年寄りに席を譲らない、授業中に私語をする、携帯電話でメールのやりとりをする、出席していない友人の代わりに出席カードを提出する。これらの行動は、若者の規範意識の低下のあらわれなのであろうか。

図4-1は、大人と青年に対し、一般に「望ましくない」行動に対してどの程度抵抗を感じるのかを聞いた結果である。このように、「電車やお店の入り口付近の地べたに座る」、「電車やバスの車内で、携帯電話やPHSを使って話し込む」、「電車やレストランの席などで、女性が化粧をする」ことに抵抗を感じる高校生は6割以下である。それに対し、教師は9割以上が抵抗感を示している。これらの行為は、いずれも、大人が若者のモラル低下やだらしなさを批判する際に指摘する行動である。なぜ、世代間で規範意識の差があるのだろうか。これは、若者の規範意識の低下と考えてよいのだろうか。

北折（2007）は、社会規範の定義として、「外在化する基準や期待」、「内在化された信念」という2つの主張を整理している。そして、人々が規範を守ろうとするのはなぜか、つまりどういった理由で従わなければならないと認知されるのかについては、「命令的規範」と「記述的規範」に分けて考えることが重

第1節　青年期の若者の特徴は？

要だという。

　命令的規範とは、多くの人々がとるべき行動や、望ましい行動と評価する、個人の認識に基づく規範である。多くの人々が「～すべきである」と評価しているだろうという予測に基づく、行動のステレオタイプである。不適切と評価された行為はその社会の中でタブーになったり、政府や組織により法律の罰則の対象となる。一方、記述的規範は、周囲の多くの人々が実際にとっている行動、その状況における適切な行動の基準であるという認知に基づく規範である。命令的規範が常に望ましいとされる行動を志向しているのに対し、記述的規範はその行動の効果に主眼が置かれている。命令的規範と記述的規範との間に食い違いが生じる例として、車の制限速度がよくあげられる。車の制限速度は道路交通法などで明文化された法律であり、命令的規範に該当する。しかし、深夜の幹線道路などで交通量が少ない状況では、制限速度以上で走行している車が多いため、速度を遵守するほうがかえって危険なことがある。制限速度以上のスピードで車の流れに乗ることが記述的規範の行動志向であり、その状況においては適切な行動であるともいえる。このように、規範にかかわる行動を解釈するとき、命令的規範と記述的規範の相互の影響関係を考慮する必要がある。赤信号で横断歩道を渡ることや自転車の駐輪違反などは、多くの場合、命令的規範に反するものの、記述的規範に従った行動をとっていると解釈することも可能である。

（2）規範意識の研究

　社会規範は、社会的範囲の中で共有された集団規範である。よって、それぞれの集団間で、要請される行為は異なり、個人が複数の集団に所属することで問題が生じることがある。大久保ら（2006）は、中学生を対象に、問題行動と所属集団の雰囲気の関係を調べている。「学校生活への感情」、「問題行動の経験」、「学級の荒れ」、「不良少年のイメージ」について質問紙調査を行った（表4-1）。「問題行動の経験」に対する回答から、生徒を問題生徒と一般生徒に、「学級の荒れ」に対する回答から、分析の対象となった学級が「困難学級」または「通常学級」に分類された。不良少年のイメージは、「友達になりたい」や「か

表4-1　学校への感情、問題行動の経験、学級の荒れ、不良少年のイメージを測定する質問項目の例

学校への感情（質問項目の例）
1. 私は学校に行くのが楽しみだ
2. 学校では楽しいことがたくさんある
3. 学校がなければ毎日はつまらないと思う
4. 学校では嫌なことばかりがある（逆転項目）
5. 私はこの学校が好きだ

学級の荒れ（質問項目の例）
1. 授業が始まっても、ざわざわしている
2. 授業が始まっても、教科書やノートを出さない人がいる
3. 注意されてもおしゃべりをやめない人がいる
4. 授業中、教室内を歩き回る人がいる
5. 授業中、トイレや保健室に行く人がいる

問題行動の経験（質問項目の例）
1. タバコを吸う
2. 深夜に遊び回る
3. バイクに乗る
4. 人の自転車にだまって乗る
5. 友達が万引きしたものを買う

不良少年のイメージ（質問項目の例）
1. めだちたがりや　　6. 自由
2. うらやましい　　　7. こわい
3. おもしろい　　　　8. 友達が多い
4. 根性がある　　　　9. 友達になりたい
5. 明るい　　　　　 10. かっこいい

っこいい」などの肯定的なイメージと「こわい」などの否定的イメージに分かれており、それぞれ得点化された。その結果、通常学級よりも困難学級のほうが、不良少年のイメージが肯定的で、学校生活への感情も否定的であった。つまり、不良少年を受容する学級ほど、学級が荒れており、問題行動を起こす生徒の活動に対して支持的な雰囲気があることが示唆された。不良少年の行動は、学校社会の側から見たとき不適応である。しかし、学級の中では受け入れられ、適応しているといえる。

　冒頭の調査（図4-1）について今一度考えてみてほしい。若者の行動は、所属する集団内の記述的規範や、集団の雰囲気に影響されるとすると、たとえ命令的規範に反していたとしても、若者にとっては適応的な行動を選択している可能性もある。また、その集団内での規範に従っている、つまり規範意識をもっているのだとすると、「規範意識の低下」とひとくくりに結論づけることはできなくなる。

　では次に、青年期のもうひとつの特徴、自分らしさの追求について考えていこう。

2．アイデンティティの発達

　青年期は、第二次性徴による身体の急激な変化によって始まる。この時期の若者は、鏡に映る自分自身がそれまでもっていた児童期の自分のイメージと異なることに大きな違和感を抱くことも多い。一般に、青年期になると自己への関心が高まり、自分を知りたいという欲求がより強くなる。それは、身体的な自己イメージと実際の身体の乖離が大きくなることが原因のひとつである。「自分は何者であるのか？」に対するひとつの答えがその人のアイデンティティであると言われる。ここでは、エリクソンのアイデンティティ理論を中心に、青年の特徴を考えていこう。

（1）アイデンティティ：エリクソンの理論からの考察

　アイデンティティとは、現在生きて生活している社会の中で、自分が意義のある存在として位置づいているという感覚である。心理学の中でアイデンティティはどのように研究され、論じられてきたのであろうか。まず、アイデンティティ理論の確立に力を尽くしたエリクソン（E. H. Erikson）の理論をみてみよう。エリクソンは、精神分析学の始祖であるフロイト（S. Freud）の理論に基づきながらも、それを超えた、発達における文化的、社会的な影響力を重視した壮大な理論を提出した。どのような点が、フロイトの理論と異なるのだろうか？まず、フロイトの理論は、幼少期の親子関係を重視するものであったが、エリクソンは、生涯発達を視野に入れている。次に、人は生物―心理―社会的な存在であることに注目し、この3つは別々の過程ではなく、人間の3つの側面であることを強調した。この生物―心理―社会的な見方は、現代の発達科学ではコンセンサスのとれていることがらであるが（序章 p. 18を参照）、半世紀も前にすでに考えていたというエリクソンの先見性にはうなるしかない。このように、エリクソンによると、人間は常に社会との相互作用の中で発達し、かつ一生涯発達し続ける存在なのである。

　彼のライフサイクル理論では、人間の一生を8つの発達段階に分け、各段階に固有の発達課題があるとする（図4-2）。対角線上に示されているのは、それぞれの時期に生物―心理―社会的な要因によって現れる葛藤または危機がうま

		1	2	3	4	5	6	7	8
Ⅷ	円熟期								自我の統合 対 絶望
Ⅶ	成年期							生殖性 対 停滞	
Ⅵ	若い成年期						親密性 対 孤独		
Ⅴ	思春期と 青年期					同一性 対 役割混乱			
Ⅳ	潜在期				勤勉性 対 劣等感				
Ⅲ	移動性器期			自主性 対 罪悪感					
Ⅱ	筋肉肛門期		自律性 対 恥と疑惑						
Ⅰ	口唇感覚期	基本的信頼 対 不信							

図4-2 エリクソンの8つの発達段階（エリクソン, 1977；天谷, 2009より）

く解決されればすすむ、適応的な道筋である。図には空欄が多いことに気づくだろうか？　実際には人は図の中の空欄のどのマスにもすすむ可能性がある。葛藤の解決に失敗して先にすすみすぎたり、横道にそれたり、後戻りすることもある。たとえば、1のⅠから1のⅡにすすむこともあるし、2のⅡにすすんでも1のⅡに戻ることもある。

　エリクソンによると、人は各時期において否定的要素と肯定的要素の両方を抱えており、たえずせめぎあいが行われているという。肯定的要素が否定的要素を相対的に上まわることができれば、各時期の課題が達成されることになる。このように、前段階の発達課題の達成を基盤にして、次の発達段階へすすむのである。

　エリクソンが最も重視したのは、青年期の発達課題であるアイデンティティの確立である。青年期は子どもから大人への移行期であり、身体的にも社会的

第1節　青年期の若者の特徴は？

にも大きな変化が生じるために、これまでに形成してきたアイデンティティが崩れてしまう。一般に、青年期以前のアイデンティティは、既存の価値観を取り入れることで形成してきたものであるので、青年期には、独自の価値観に基づいた新たなアイデンティティをつくりあげなければならない。これはたいへんな作業であり、うまくいかないと、なにをしてよいかわからない、将来の見通しがまったくたたないなど、アイデンティティ拡散状態に陥る。はては、精神病理につながってしまうこともある。

（2）アイデンティティの測定

アイデンティティとは、静止した状態ではなく、動的なものととらえたほうがよいだろう。我々の現在のアイデンティティは、過去のさまざまな葛藤やそれ以外の多様な経験を内包している。また、青年期に完成し、固定化するものでもない。アイデンティティは、生涯を通して変容を繰り返すのである。

アイデンティティについて日本で行われた実証研究をみてみよう。無藤（1979）は、大学生を対象にインタビューを行い、表4-2のような4つのアイデンティティ・ステイタス（地位）を確認した。研究の結果、日本人大学生は早期完了タイプが多かった。また、海外の研究でみられる「宗教」の問題については、

表4-2　日本人大学生の4つのアイデンティティ・ステイタス（無藤，1979を改変；伊藤，2012より）

ステイタス	危　機	関　与	概　　略
同一性達成 (identity achievement)	経験した	している	幼児期からのあり方について確信がなくなり、いくつかの可能性について本気で考えた末、自分自身の解決に達して、それに基づいて行動している。
モラトリアム (moratorium)	その最中	しようとしている	いくつかの選択肢について迷っているところで、その不確かさを克服しようと一生懸命努力している。
早期完了 (foreclosure)	経験していない	している	自分の目標と親の目標間に不協和がない。どんな経験も、幼児期以来の信念を補強するだけになっている。堅さ（融通の利かなさ）が特徴的。
同一性拡散 (identity diffusion)	経験していない	していない	危機前（pre-crisis）：今まで本当に何者であったか経験がないので、何者かである自分を想像することが不可能。
	経験した	していない	危機後（post-crisis）：すべてのことが可能だし可能なままにしておかなければならない。

「宗教についてほとんど考えたことがない」という学生が多かったという。

（3）役割実験

自分を知りたいという欲求は、自分を探すという行動につながる。エリクソンは、現代社会においては青年が成人期に入ることを一定期間猶予し、その間にアイデンティティ確立に向けて、多様な社会的役割について模索するモラトリアムという時期があることを指摘した。青年は自分の「ありえる私」を考え、さまざまな経験をしてみるという行動をとる。

このように、モラトリアムの時期の若者は、さまざまな「役割」を実験的に演じてみることがあるようだ。これは、役割実験とよばれる。役割実験には、アルバイト、サークル活動、ボランティア活動など、さまざまな場におけるさまざまな自分を体験し、自分らしい自分とは何かを探っていくことのみならず、想像にふける、読書をすることによって、可能性を探ることも含まれる。これらは、本格的に意思決定をする前の「お試し」の意味をもつ。つまり、いつでもやめること、役割をおりることができるのである。青年期後期になると就職や進路選択が迫ってくるので、役割実験も緊迫したものとなっていく。

3．ま と め

青年とはどのような存在なのだろうか？　児童期までは、世界が広がり、できることが増えるというような、増大することが発達であるといってよいかもしれない。しかし、青年期の若者が示す態度は、その延長線上にはない。場合によっては退行しているようにさえ見える。しかし、生涯発達の過程の中でとらえなおしてみると、自分自身を再構築し、続く成人期の職業や結婚などの新たな課題にそなえている時期、それが青年期である。この時期の若者がとる行動は、上の世代からは理解しがたいものが含まれていたとしても、その年代の者にとっては適応的な行動、そして発達の過程では必然の行動であるのかもしれない。

「自分」について深く考えるようになり、場合によっては偏狭な態度のようにみえる青年期の特徴は、実は、身近な対人関係を超えたさらに広い世界、す

なわち「社会」とつながりをもつことの裏返しである。続く第2節と第3節では、人間と社会の関係を考えるために、道徳性と社会認識について考えていこう。

第2節　道徳性は測定できるのか？

1．道徳性の定義

　道徳とは何だろうか。人は道徳をどのように身につけ、発達していくものであろうか。本節では、青年の心の様相を道徳性の発達という観点から探る。

　まず、そもそも道徳とは何かということを考えてみてほしい。その際、「道徳的な人とはどんな人か」ということを考えると、自分のもつ「道徳」についてのイメージが明確になると思われる。

　村井（1990）によると、私たちが道徳とよぶものには、大きく分けて、本来性質の異なった2つのものが含まれている。1つは、社会生活の慣習的なルールまたは約束としての道徳であり、他の1つは、人間の本質的なあり方という意味での道徳である。一般に慣習とよばれるものは前者にあたり、「他人に迷惑をかけない」という意味での道徳、すなわち道徳律は後者にあたる。そしてこの慣習と道徳律を、実際生活の行動の上で区別することは難しい。慣習は道徳律によって道徳的に正当化されるものであり、道徳律は具体的な行動や態度において初めて具体化される。村井（1990）は、私たちの道徳的行為は、慣習と道徳律との相補的な全一体として成り立っていると指摘する。ところが、道徳ということばを、人々は慣習と同一視する場合が多く、それによって道徳についての把握のゆがみ、誤解が生ずるのである。

　一方、「道徳性」とは、「道徳」が個人に内面化されたもの、あるいは内面化しうる特性である。道徳性心理学では、この内面化されたものや特性を、さまざまな精神機能、すなわち、情動、認知、行動、人格などから探ってきた。

　内藤（2005）によると、道徳性の定義として代表的なものは次の2つである。

　(1)道徳性は、その社会において正しいと信じられている行為やそれらを生じ

させる心理的特性である。

(2)道徳性は、社会や集団をこえた普遍的な性質である。

普遍性を前提としないものとするものである。どちらがより適切な定義であるのかについては、本節を読みすすめていく中で、読者自らが納得できる答えを見つけてほしい。いずれにせよ、さまざまな理論がどちらの立場に依っているのか、また、読者自身が暗黙のうちにどちらの立場を採用しているのかを意識することは重要である。

ではまず、ピアジェの理論からどのように道徳性を測定するのかについて、みていこう。なぜなら、ピアジェは、道徳性の実証研究のパイオニアであるからである。

2．ピアジェの研究

ピアジェは、子どもには他律的道徳性と自律的道徳性という2つの道徳性があることを見出した。この2つの道徳性は、ルール理解、過失・盗み・うそについての判断、正義観などのさまざまな領域において見られる。表4-3bをみてみよう。左側が、他律的道徳性の段階の子どもの典型的な反応、右側が、自律的道徳性の段階の子どもの典型的な反応である。

他律的道徳性の段階の子どもは、道徳的規則をあたかも実在するかのようにとらえる（道徳的実在論）。また、過失に対する責任を行為の物理的結果に基づいて判断し（結果論的判断）、善悪は罰せられるかどうかに基づくと考える。つまり、道徳を律する主体は権威ある他者の側にある。自律的道徳性の段階になると、過失に対する責任を行為の動機に基づいて判断し（動機論的判断）、善悪と罰せられることは別の概念ととらえるようになる。つまり、道徳を律する主体は、自己の側にある。当然、自律的道徳性のほうが、道徳的な段階は高い、すなわち、より望ましい道徳的判断と考えられる（おそらく読者のみなさんも、他律的道徳性の段階の反応を「幼稚な反応だ」と感じるだろう）。

では、なぜ他律的道徳性から自律的道徳性へと変化するのだろうか。他律的道徳性の段階の子どもは主に幼児であり、その特徴は自己中心性（第2章第3節

表4-3a　ピアジェの道徳判断課題の例　（Piaget, 1932より作成）

その1
A　ジャンという男の子がお部屋の中にいました。食事に呼ばれたので食堂へ入っていきます。ところが扉の後ろにイスがあり、そのイスの上にお盆が置いてあり、お盆にはコップが15個のせてありました。ジャンはその扉の後ろにそんなものがあるとは知らないで、扉をあけましたので、扉がお盆にあたり、コップは15個ともみんな壊れてしまいました。
B　アンリという男の子がいました。ある日、お母さんの留守に戸棚の中のジャムを食べようとしました。そこでイスの上にのって手を伸ばしましたがジャムは高すぎて手が届きません。取ろうとしていろいろやっているうちに、手が1つのコップにさわって、コップは落ちて割れてしまいました。
（では、どっちのほうが悪い？）

その2
A　アルフレッドは大変貧乏な友達がいました。この友達は、アルフレッドに、家には何にも食べるものがないから今日はご飯を食べなかったといいました。そこでアルフレッドはパン屋に入りましたが、お金がないので、店員がむこうを向いたときに、パンを1つ盗みました。そしてそのパンを友達にやりました。
B　アンリエットがある店に入りますと、テーブルの上にきれいなリボンがあるのを見て、さぞ自分のお洋服に似合うだろうと思いました。そこで店員がむこうを向いたときに、そのリボンを盗んでさっさと逃げてしまいました。
（では、どっちのほうをより叱る？）

その3
A　ひとりの小さな子どもが街を歩いていましたが、大きな犬に出会って非常に恐れました。それから家に帰って、牛ほどもある大きな犬を見たとお母さんに話しました。
B　ひとりの子どもが学校から帰って、お母さんに先生が良い点をくれたと話しました。しかしそれは本当のことではなく、先生は良い点をくれませんでした。
（では、どっちのほうが悪い？）

その4
　なぜ嘘をついてはいけないと思う？

その5
　あるとき、ふたりの子どもがリンゴ畑でリンゴを盗んでいました。突然番人が現れたので、ふたりは逃げ出しました。ひとりはつかまりました。もうひとりは、曲がりくねった道を通って家に帰る途中、川の上のこわれかかった橋を渡ろうとして、水の中に落ちました。もしその子が、リンゴを盗まないで、そのこわれかかった橋を渡ったとしても、同じように水の中に落ちたでしょうか？

その6
　あるときボーイスカウトのキャンプに出かけました。めいめいが本分をつくして仕事をしなければなりません。あるものはお使いにいき、あるものは洗濯をし、あるものは掃除をしました。ある日、パンがなくなりましたが、お使いにゆくものはでてしまっていました。そこで、隊長が、自分の仕事をやってしまっていた隊員に、パンを買いにゆけと命じました。
（隊長の命令は公正でしょうか？）

第4章　青年期の発達：さまよえる旅人たちの休息

表4-3b　ピアジェの道徳判断課題に対する子どもの回答例（Piaget, 1932より作成）

	子ども1の回答例	子ども2の回答例
その1	コップを15も割ったんだから初めの子のほうが悪い。	2番目のジャムを取ろうとした子が悪い。尋ねないで何かを取ろうとしたから。1番めの子はわざとしたんじゃなかった。
その2	パンを盗んで自分が食べずに友だちにやった子を、きつく叱る。パンをやるのは悪くない。その子は親切な子だ。でも、パンのほうが高いから、その子を余計叱らなくてはならない。	パンを盗んではいけなかった。リボンを盗んではいけなかった。小さな女の子は、自分のために取ろうとした。男の子はごはんを食べていない友だちにやるためだった。（だから）小さな女の子のほうを余計に叱る。
その3	牛ほど大きい犬を見たと言った子どもが悪い。もうひとつの話より、もっと大きなことをいったから。（どうして？）そんなことはおこるはずがないから。	先生の嘘のほうが悪い。お母さんをだましたから。（もうひとりの子もそうだろう？）先生の子のほうは、先生が言わなかったことをいった。（もうひとりの子だって本当じゃないことを言ったじゃないか）犬のほうは本当じゃないことはすぐわかるけど、先生の嘘はわからないから。
その4	（なぜ悪い？）叱られるから。（もし嘘をついて叱られなかったら、悪い？）ううん。悪くない。	（なぜ悪い？）叱られるから。（もし叱られなくて嘘をいうなら、それはいい？）悪い。（嘘をついているかいないかわからないとする。やっぱり悪い？）悪いと思う。
その5	（どう思う？）それで正しい。いい気味だ。（なぜ？）盗んではいけなかったんだから。（盗まなくても水の中に落ちた？）ううん。間違ったことをしないから落ちない。（なぜ落ちた？）罰するために。	（リンゴを盗まなくともやっぱり落ちた？）落ちた。橋が傷んでいるなら、修繕されずにあったのだからやっぱり折れただろう。
その6	その子はパンを買いにいかなければならない。（なぜ？）いいつけられたから。（言いつけられたことは公正？　それとも公正ではない？）公正。言いつけられたんだから。ボスだから。	いいつけられた通りした。（なぜ？）きかなければならないから。（それは公正だった？）ううん。公正じゃなかった。

註）（　）は質問者の発話。

参照）にある。自律的道徳性の段階になると自己中心性を脱する。人間関係の質的な変化も重要である。幼児と大人は一般に平等な関係ではない。しかし、児童期になると、仲間関係が重要になってくる。互恵的・協同的な関係を友人同士で築くことにより、徐々に道徳は「外から与えられるもの」ではないとい

第2節　道徳性は測定できるのか？　　119

う理解に変化する。自律的道徳性はこのような平等な人間関係によって育まれる。

この2種類の道徳性の想定は、魅力的な理論であるが、青年期の道徳性については研究されていない。そこで、ピアジェの理論を拡大、発展させたコールバーグの理論をみてみよう。

3．コールバーグの研究

かつて、ユダヤ人を迫害することが社会的に望ましいとされた国があった。奴隷制度が合法的であった時代もあった。当該社会の中で共有されているきまりや規範の遵守を道徳性の成熟とみなすと、ユダヤ人の迫害や奴隷制度は道徳的に正しい行為ということになる。現代からみると、正しい行為とは考えられない。では、道徳性とは時代や文化によって異なるものであり、普遍的な正しさなどない、と結論づけてよいのだろうか。

慣習と道徳が異なるものであると主張し、普遍的な道徳性を追求したのがコールバーグ（L. Kohlberg）である。コールバーグは表面的な道徳的行動や知識の内容ではなく、道徳的判断の背後にある認知構造に焦点をあて、道徳律に基づいて判断することができるようになる人間の発達過程を探った。たとえば、「ハインツのジレンマ」（表4-4）を見てみよう。

コールバーグが注目したのは、ハインツはそうすべきであったかどうかという回答ではなく、多様な理由づけであった（理由づけの例は表4-4を参照されたい）。理由づけに注目することで、道徳の内容ではなく、認知構造を探ることができると考えたのである。

この認知構造はどのように発達していくのであろうか。コールバーグは男子青年75名を縦断的に調査し、道徳性が段階的に発達することを見出した。事実（である）と当為（べきである）が混同されている段階から、それらが分化し、さらには、現在存在していないものの潜在的には可能な規範的秩序を構想することもできるようになっていく過程であった。このようにして明らかになった発達的変化は、倫理的に「正しくない」判断からより「正しい」判断へと変化し

表4-4　コールバーグの道徳性発達段階:「ハインツのジレンマ」と反応の例（Colby & Kohlberg, 1987；内藤，2005より）

「ハインツのジレンマ」
　ハインツの奥さんが病気で死にそうです。医者は、「ある薬を飲む他に助かる道はない」と言いました。その薬は、最近ある研究所で発見されたもので、製造するのに5万円かかり、それを50万円で売っています。ハインツは、手元にお金がないので、お金を借りてまわりました。しかし、半分の25万円しか集まりませんでした。ハインツは、研究所の所長さんに訳を話し、薬を安くしてくれないか、後払いにしてくれないかと頼みました。しかし、頼みはきいてもらえませんでした。ハインツは、困り果て、ある夜、研究所に押し入り薬を盗みました。

【質　問】
ハインツは盗むべきでしたか？／なぜですか？／もし、ハインツが奥さんを愛していなかったらどうですか？／もし死にそうなのが人ではなくあなたのペットの場合はどうですか？／法律は、いつも守らなければなりませんか？／その理由は？／等

【反応の例】（ただし、盗んではいけないとした場合のみをあげる。）
第1段階「薬を盗むのは、泥棒をすることで悪いこと。」
第2段階「ハインツは、自分の価値観に従うべきだ。」
第3段階「世間の人々は、そのようなことを望んでいないと思う。」
第4段階「社会が成り立っていくためには、法律は守らなければならない。もし、簡単に法を破ることを認めてしまえば、社会はばらばらになる。」
第5段階「法律を破ってよいのは、人間としての基本的な人権がおかされるときである。この場合、そのようには考えられない。」

ていく過程でもあった。では、倫理的に正しい判断とは何であろうか。それは、主観的な見方や具体的な問題状況の特殊性を構成する要素から離れ、誰にとっても正しい判断を下すことであり、「普遍化可能性」と「指令性」の基準を満たすことである。ある主張が「正しい」というには、特定の社会集団においてのみ正しいのではなく、すべての人、立場、時代、文化において正しいという必要がある。つまり、その道徳的判断がすべての人にとって受け入れられる性質を備えているという「普遍化可能性」がなくてはならない。そして、好みや欲求を超えた義務性、すなわち「指令性」がなくてはならない。これは、事実と当為（「である」と「べきである」）が分化していることである。たとえば、多くの人が「している」という事実が、「すべきである」という当為を導くのではなく、多くの人が「している」という事実と、「すべきである」という当為は、

表4-5　コールバーグの発達段階の概要（コールバーグ，1987；山岸，2009より作成）

前慣習的水準
　段階1　罰と服従への志向（罰や制裁を回避し、権威に従うことが正しい）
　段階2　道具的功利的相対的志向（自分、時に他者の欲求を満たすことが正しい）

慣習的水準
　段階3　対人的一致、良い子への志向（身近な他者からの期待に添い、よい対人関係を保つことが正しい）
　段階4　社会システム・秩序への志向（全体としての社会システムを維持することが正しい）

後慣習的水準（原則的水準）
　段階5　社会契約的遵法的志向（社会全体によって吟味され一致した基準に従うことが正しい）
　段階6　普遍的倫理的原則への志向（普遍的倫理的原則に従うことが正しい）

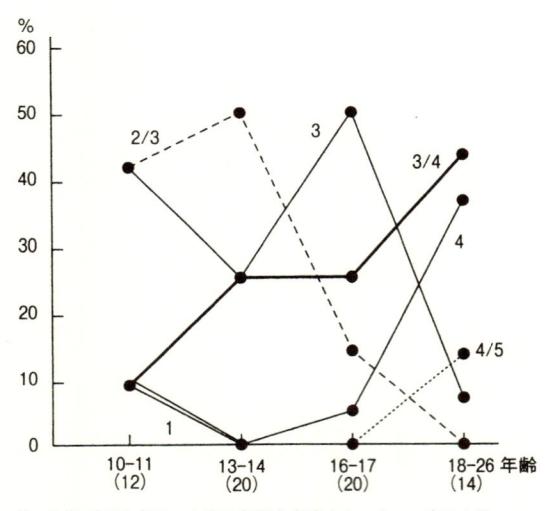

注：2/3、3/4などは、中間の段階を意味する。カッコ内は人数。
図4-3　年齢ごとの発達段階の割合（山岸，1991より）

独立するものと認識されなくてはならないのである。

　段階の普遍性を検証するために、アメリカ、台湾、メキシコなどさまざまな文化圏でも研究が行われた。図4-3は日本における研究結果である。このように、第3段階が比較的多く見られるものの、年齢とともにより高い段階に属する者が増加している。

　コールバーグの発達段階によると、青年期は、慣習、つまり事実として存在する現時点の規範が絶対的に正しいと考えるのではなく、徐々に規範や慣習に疑いの目を向けることができるようになっていく時期である。

4．道徳性は文化普遍的か？
(1) 道徳性の性差

　鯨やイヌを食用とすること、学校でのスカーフの着用など、特定の文化の規範に沿った行動が他の文化に属する人たちから非難されることがある。コールバーグは文化を超えて共通する道徳性の認知構造を探った。コールバーグが仮定した普遍性は、道徳的行動や知識の内容ではなく、認知構造である。文化間で表面的に道徳性が異なるように見えるとしても、認知構造の発達は共通であると考えたのである。しかし、文化によってこれほどまでに規範体系が異なることを考えると、本当に人はコールバーグが想定したような発達段階をたどるのであろうか、という疑問が生じるかもしれない。これらの疑問に対し、最も有名な批判として、ギリガン（C. Gilligan）による、志向性の性差の問題がある。

　ギリガンは、女性の道徳的判断のレベルがコールバーグの理論的枠組みに従って評定されると、総じて男性よりも低く評定されるということに注目し、道徳性発達の理論そのものに性差についてのバイアスがあり、そのために女性特有の道徳的判断のあり方を的確に把握できていないと考えた。ギリガンによると、それまで発達心理学が研究の対象として前提にしてきたものはおおむね男性のライフサイクルであり、女性特有の発達をつかみそこねている。コールバーグの理論は、正義と権利の道徳性を扱ったものであり、ケアと責任というもう一つの道徳性を十分に扱えてはいない。

　ハインツのジレンマ（表4-4）を今一度考えてみよう。たとえば、薬を売って儲けたい薬屋と、妻の生命を救いたいハインツという、相対立する欲求をもった個人間の権利の葛藤として問題をとらえると、公正さを志向するコールバーグ理論に合致し、高く評価される。その一方で、ジレンマの中に人間関係と責任の問題をみると、問題は薬屋とハインツの権利主張の葛藤ではなく、薬屋がハインツの妻の要求に応える責任を果たさないことにある。このジレンマの解決は、薬屋に妻の容体を知ってもらったり、別の人に訴えるなどの、ハインツの妻を取り巻く人々のネットワークを活性化させることによって導かれてくる。だがこの理由づけでは、問題状況の特殊性を構成する要素から離れていないの

で、コールバーグの理論においては評価が低くなる。しかし、ギリガンによると、このような回答をする者は、道徳性が低いのではなく、ケアと責任を志向する道徳性、すなわち「配慮の道徳性」を発達させているのである。

（2）道徳性の文化差

シュベーダーら（Shweder, et. at., 1987）は、アメリカ人は「権利の道徳」、インド人は「義務の道徳」が強いと考える。インドでは、食事、衣服、呼称、性役割の違反はすべて悪いと判断される。たとえば、インドでは「父が子どもを杖で殴ること」は正しいことであり、「父の死後長兄が髪を切ること」、「牛肉を食べること」、「寡婦が魚を食べること」は正しくないと考えられている。一方、アメリカ人はこれらの行為を個人的な問題ととらえる。

ミラーら（Miller & Bersoff, 1992）は、アメリカとインドの子ども、青年、大人を対象に、次のような正義と対人的な義務が葛藤するジレンマ課題を提示し、判断を求めた。

【ジレンマ課題】
　　親友の結婚式に出席するために急いでいた。次の列車に乗らなくてはならない。結婚指輪を届けることになっていたのである。しかし、切符の入っていた財布を盗まれてしまった。いろいろ助けを求めるが誰もお金を貸してくれない。がっくりして座っていたベンチで、隣りにいた紳士が上着を置いて用足しに出かけている。その上着のポケットから列車の切符がのぞいている。それを使えば結婚式に間に合う。この紳士はお金を十分持っていて切符を買い直すことができる。
　　あなたは、次の二つの意見のうちどちらに賛成しますか？
　　①たとえ親友に結婚指輪を届けられなくなるにしても、切符を盗んではいけない。
　　②たとえ切符を盗むことになっても、結婚指輪を渡すべきだ。

その結果、どの年齢群でも、インド人はアメリカ人よりも、①の「盗んではならない」という道徳原理に基づく行動よりも②の対人義務に基づく行動を選択した。これは、インドの「義務の道徳」の存在を示唆するものであると解釈

されている。

5. まとめ

社会集団には道徳や規範が存在する。いやむしろ逆である。道徳や規範の存在が、集団を集団たらしめている。このように考えると、道徳というものは、人間や社会を考える上で本質的な概念であるといえる。

本節では道徳性を測定できるのかという問いをたて、心理学の中で道徳性がどのように研究されてきたのか、主に古典的な理論について紹介した。研究は定義を明確にすることから始まるものであることを考えると、道徳性はそもそも定義が定まっていない点に難しさがある。

道徳性が普遍的なものか、相対的なものか、白黒をつけたくなるものだが、道徳的な判断は多水準、多段階の過程であり、ひとまとめに決めることは無理である。その一方で、道徳的判断のあり方が世を動かし、多くの騒乱や葛藤を生んでいることも事実であり、ひとまとめに決めるのは無理、というさめた議論だけではことは片付かない（東，1997）。重要なことは、既存の慣習に従うことに比べ、文化や時代を超えた正しさを追求することは、格段に難しいということだ。なお、道徳性の文化差については、第5章であらためてとりあげる。

さて、次節では、青年が社会というもの自体をどのように理解するのかをみていこう。

第3節　青年は社会をどのように理解するのか？

1. 社会認識

我々が社会をどのように理解するか、すなわち人々が構成している社会についての理解は、社会認識（societal understanding）とよばれる。社会認識は若者が将来、社会人、職業人、有権者として社会に参加し、有能な社会の担い手となるために不可欠なものである。

ヒトの生存に直接かかわるような問題、たとえば、生物学、物理学、心理学

（心の理解）については、発達のごく初期から驚くほど有能性を示すことがある（第1章を参照）。それは生物学的遺産として人間が受け継いでいる性質が基盤にあるためだとされる。これに対して、社会認識は、人間が必要に応じて作りあげてきた社会のしくみ、制度、規則、社会的役割などについての知識を扱うので、経験や学習によって獲得していかなければならない。

　さらに注意すべきことは、社会認識の発達とは、単に「しくみを知ること」ではないことである。波多野（1987）が指摘しているように、社会認識の発達とは、第1に、正しい評価基準をもつこと、第2に、理論に基づく理解をもつことである。評価基準とは、一定の社会的、歴史的制約のもとで個人や社会全体のふるまいを評価する、多様かつ普遍的な倫理的、価値的基準を作りあげ、それに深く関与することである。理論に基づく理解とは、社会の性質についてより詳細で首尾一貫した理論を作りあげ、かつそれが評価の基準の適用に際して容易に利用されうるよう、両者を統合することである。つまり、社会認識は常に倫理的、価値的問題が関係するのである。

　人間は経済的、法的、政治的な制度の中で生まれ育つ。日常生活はこのような人が作ったしくみによって当たり前のように営まれているが、実はこれらは人々の行動を大きく制約している。トラブルでも起きない限り、私たちは社会の仕組み、制度、規則を意識することなく暮らしている。しかし、人間の社会が平等や公平をよりよく実現するためには、市民はしくみ、制度、規則に関心を持ち、それらを評価し、時には信念に基づいて行動を起こすことも必要である。つまり、社会認識の発達とは、子どもが社会について正確な知識をもち、それを評価し、必要な行動がとれることを意味しているのである。

　本節では、社会正義にかかわる問題、すなわち、具体的な対人関係を超えた社会制度や社会全体の公正さにかかわる問題について考えていこう。

2．多数決の理解

　自分たちの所属する集団のあり方を考えるとき、集団での合意形成は重要な問題となる。子どもの集団決定の理解の研究からは、幼児でも2つの選択肢か

ら1つを選ぶときには、賛成者の多い選択肢を採用するのがよいとすること、そして、小学生は公平な決め方として多数決を選択することが報告されている。しかし、多数決はいかなる状況でも最適の方法だというわけではない。小学1年生でも物理的法則の真偽に多数決は適用できないことを理解し、小学3年生になると食べ物や着るものなどの個人的な問題に対して適用することが不適切であるとすることが明らかになっている（Kinoshita, 1989, 2006）。

　木下（2009）は、イギリスと日本の小学3、6年生、中学2年生（8年生）、大学生に対して、さまざまな場面を提示し、多数決が認められるかどうか、そしてその理由を尋ねた。提示された場面は、多数決適用が適切と想定される場面（クラス文集のタイトルの決定）、多数決適用が不適切な場面（算数の答え、学校の昼食に何を食べるか）、多数決を適用するには問題があるものの間違いとも言えない場面（数が不足したチョコレートをもらえない一人を決める、学校の規則をあるクラスが決める、下位グループの利害にかかわることを全体で決める）であった。その結果、多数決適用が適切と想定される場面については、年齢に伴い是認する割合が増加し、不適切な場面では否認する割合が増加した。場面ごとの多数決是認の割合は表4-6を参照されたい。

表4-6　多数決の是認の割合（％）（木下，2009より）

場　面	日本 3年	日本 6年	日本 8年	日本 大学生	イギリス 3年	イギリス 6年	イギリス 8年	イギリス 大学生
クラス文集のタイトル	77	67	90	90	80	87	100	100
遊びのルールの一時的変更	73	80	90	97	63	70	83	90
クラスの劇の配役	43	70	73	77	53	77	21	43
算数の答え	3	7	0	0	14	27	0	0
犯人	0	7	3	0	23	13	3	13
学校での昼食での食べ物	10	7	3	7	17	3	0	0
児童会の選挙でだれに投票	33	43	10	10	41	21	21	0
不足したチョコレートを与えない一人	7	23	7	3	36	41	27	13
皆が嫌がるクラスの係	20	13	17	3	43	73	30	7
定員過剰の救命ボートを降りる人	3	14	10	3	27	48	10	30
学校の規則を特定のクラスが決める	23	33	20	31	57	32	63	21
下位グループの利害を全体の多数決で決める	13	33	7	7	37	53	27	23

なお、この研究では文化差が注目されている。たとえば、「多数決を適用するには問題があるものの間違いとも言えない場面」では、多数決を是認する割合はイギリスのほうが多かった。イギリスの子どもは、少数者の立場を考慮しつつも、緊急性を重視し合理的に解決しようとする態度が見られた。一方、日本の子どもは、「かわいそうだから」というような心情的な反応や、場面の緊急性をあまり考慮しない「話し合う」という解決方法が多く見られた。このような国による反応の違いは、合理的理性と心情的な側面という価値観の違いとともに、社会的な経験や知識の差である可能性があると考察されている。このような社会的な経験の差が具体的にどのように認識と関係するのかは今後の課題となっている。

3．権利の理解

　権利（rights）は、現代社会を成り立たせ、人間関係を調整するための基本的かつ重要な概念のひとつであり、さらには、公正な世界を担保するために必要な道徳的概念でもある。メルトン（Melton, 1980）は、ピアジェの認知発達理論（第2章表2-1）の枠組みで、第1段階（権威者から授けられたものとしての権利）、第2段階（初歩の「公平」に基づく概念化）、第3段階（より抽象的な権利としての概念化）という3つの段階を考え、青年期になるまで権利については十分な理解にいたらないものと考えた。確かに子どもの日常生活において権利はなじみのない概念だろう。しかし、用語は知らないとしても、自由を認めることの大切さは直感的に理解しているかもしれない。

　長谷川（2001, 2003）は、小学生、中学生、高校生、大学生を対象に、権利の中でも最も重要で基本的な権利として「言論の自由」に注目し、その限界（どのような場合には制限されても構わないか）についての判断を求めた。

　まず、言論の自由の抽象的な理解を調べるために「大勢の人の前で自由に話すことは大切ですか？」「それは他の国でも大切ですか？」「大勢の人の前で自由に話してはいけません、というように、法律で自由に話すことを禁止することは正しいことですか？」のような質問を行った。この結果、小学生でも言論

の自由を他の国でも大切であり、法律で禁止することは不当であると認識していることが示された。

　しかし、権利の問題は、他の問題と抵触するときにこそ意味をもつ。誰でも抽象的には「自由は大切」と思うだろうが、「モデルのプライバシーを侵害する本を出版してよいか」「相手を傷つける内容のスピーチをしてよいのか」という問題は難しい。そこで、ある行為を勧めるスピーチをすることについて、「スピーチをしてよいか（行為の制限判断）」と「法によりそのスピーチを禁止してよいか（法による制限判断）」を聞いた。スピーチにおける「行為」は、①道徳（暴力を容認するような道徳的問題）、②慣習（手づかみで食事をするというような、慣習には違反しているが道徳的には問題でない行為）、③自己管理（歯磨きをさぼるような身体に悪い行為）、④個人（黄色い服を着るような趣味・嗜好）の4種であった。たとえば①道徳のスピーチであれば「気にくわないやつは殴りましょう」というように、暴力をすすめる内容のスピーチを提示し、そのスピーチについて上述の2種類の判断を求めた。本来、言論の自由の制限が認められる事由は、他者の権利を侵害する場合に限られるので、①道徳以外のスピーチは、望ましい内容ではないものの法的に制限される問題ではないはずである。しかしながら、小学生は他の年齢群よりも、②慣習や③自己管理上の違反となるスピーチに対しても、法による制限を認める傾向がみられた。

　なぜ、小学生は言論の自由を②や③で認めないのだろうか。判断の理由を分類したところ、判断理由に学年差がみられた。小学生は、主に「スピーチの内容（"手づかみで食事することや暴力が悪いかどうか"など）」に注目するのに対して、中学生では、「スピーチの自由（"話すこと自体は自由である"など）」に注目した判断をするものが増加する。さらには、"暴力は悪いけれどスピーチをするのは自由だ"、"スピーチをするのは自由だがあまりにも内容が悪すぎるから認められない"のように、「スピーチの内容」と「スピーチの自由」の両方を考慮して結論を下すものも増えてくる。大学生になると、それだけではなく、スピーチを受ける側、つまり聞き手の権利という観点も入ってくる。このように、小学生は言論の自由についての判断がスピーチ内容に依拠し、「自由」そのもの

に注目しないために、寛容性を低めていると推測された。また、小学生は、スピーチによる聞き手への影響力の見積もり（どの程度影響を受けてその行為をするようになるのかの見積もり）が高かった。このような複合的な要因が、判断の発達差を生むようだ。

4. 法的推論

本節の木下や長谷川の研究は、単純化した場面を提示することにより、子どもにも検討できるようにしている。しかし、現実の問題はもっと複雑である。援助交際は自己決定権のひとつとして認めるべきか、芸術作品におけるモデルのプライバシーを認めるべきかなど、自由や権利の制限に関して多くの議論がある。自由や権利は、必ずしも絶対的で例外をもたないわけではなく、他の人権とのかねあいにより制約されてもやむを得ない場合もある。そして重要なのは、このような現実の問題に誰もが納得する答えを見出すことは難しいということである。

では、青年は、このような現実的なジレンマ課題について、どのように判断

表4-7　人権のジレンマ課題の例

　三郎さんは、覚せい剤の売買にかかわる仕事をしている。三郎さんは自宅マンションの一室に電話を設置し、その電話で客からの注文を受け、その客に指定された場所に行くよう指示し、覚せい剤を売っていた。警察には以前より、三郎さんが覚せい剤の売買にかかわっているという情報が寄せられていた。しかし、なかなか証拠がつかめないまま、何ヵ月も経過した。その間にも、覚せい剤が多くの人の手にわたり、その作用で窃盗や傷害など多くの事件が起きている。
　警察は、三郎さんを覚せい剤取締法違反で逮捕するためには、三郎さんのマンションに設置されている電話を盗聴することが是非必要だと考えた。そうしなければ、もはや証拠は入手できないからである。そこで、警察は三郎さんが留守にしている間に、三郎さんの自宅マンションに入り込み盗聴器をしかけた。
　盗聴器を設置して数日が経過したというのに、なかなか覚せい剤売買の証拠となる通信は行われなかった。そうこうしているうちに、三郎さんは電話の調子がおかしいことに気づき、盗聴器を発見した。そして、それが警察によるものであることにも気がついた。三郎さんは、いくら警察といえども、盗聴器をしかけて個人の電話の内容を無断で盗聴することは、プライバシー権の侵害にあたるのではないかと考えている。

表4-8　人権のジレンマ課題の大学生の回答例

- 三郎さんが覚せい剤の売買にかかわっているということがわかっていたら、やはり証拠をつかんで逮捕するためにはやむを得ないと思うから。覚せい剤にかかわって警察に盗聴されるようなことをしている三郎さんが悪い。
- 警察は盗聴した内容を関係者以外にばらしたとは特に書いていないので、これはプライバシーの侵害ではないと思う。プライバシーの侵害はまったく関係ない人がちゃんとした目的もなく盗聴したりするものだと思う。
- 警察に情報が寄せられる時点で、三郎さんには少なくとも何かしらのことをしている可能性がある。だから、あくまで容疑者として調べるのは仕方ないと思うから。
- プライバシー権を守るのは大切だが、今回の場合はもっと重要、凶悪な犯罪が行われる可能性が大で、これが逮捕につながるなら、リスクを犯しても仕掛けるべきだと思う。
- 盗聴器の設置はプライバシーの侵害になると思うので、仕掛けるべきではない。あきらめずに地道な捜査を続けるべきだと思う。
- 証拠を掴むためとはいえ、マンションに入り込んでまで盗聴器を仕掛けるのはやりすぎだと思う。

するのであろうか？　外山・長谷川（2011）は、大学生を対象に、プライバシー権などの人権が公共の福祉と葛藤する場面を提示し、「どうすべきか」という判断（道徳的判断）と、「裁判員として判断するとしたらどのように判断するか」という判断（法的判断）を求め、両者を比較した。表4-7は、研究で使用されたジレンマ場面の例、表4-8は大学生の道徳的判断の回答例である。

　このように、大学生の意志決定は必ずしも合理的ではなかった。専門家の判断には、人への執着の低さ（人の態度や人格ではなく、問題となっていることがらの中身に注目すること）と手続きの重視（ものごとの処理にあたり手続き的ルールを重視すること）という2つの特徴がみられるという。しかし、大学生の判断には、このような特徴があまりみられなかった。

　また、回答の中に、ヒューリスティクスと名づけられた直感的な判断方略が多く見出された。ヒューリスティクスとは、認知的資源を節約するための近道的思考であり、しばしば判断の誤りを生むものである（Tversky & Kahneman, 1974）。これまで、社会的な判断において、利用可能性ヒューリスティクス（利用しやすい過去の事例に基づき判断する）や代表性ヒューリスティクス（統計的データを用いず不十分なサンプルや表面的に類似した事例に基づき判断する）などが見出され

ている。外山・長谷川（2011）においても、「可能性の決めつけ」、「一方の利益のみ考慮」、「手続の無視」、「人柄の重視」などの、人権ジレンマ課題に特有のヒューリスティクスが示唆された。

　もちろん、大学生にとって用語や概念が難しかった可能性もある。しかし、山崎・仲（2008）の研究では、法律用語（たとえば「未必の故意」）を大学生に教示したとしても、それぞれの法律用語に関する理解は高まるものの、判断には影響が及ばないことが報告されている。社会的判断における未熟さは、単に用語理解の問題だけではないようだ。

5. まとめ

　青年期の若者は、形式的操作の獲得に伴い、身近な対人関係を超えて人間一般や社会について考えることができるようになる。つまり、「我々は何者か」を考えられる時期である。

　しかしながら、実際には、若者は社会について十分に理解しているとは限らない。身近な対人関係については敏感であっても、社会制度についてそもそも興味を示さないこともある。なぜ青年の社会認識が未熟であるのか十分にはわかってはいないが、トラブルでも起きない限り社会のしくみについて意識することなく暮らしているため、緊急に理解する必要性が低いこと、日常的には一部分しか見えない、あるいはかかわることがないため、全体がつかみにくいなどの理由が考えられる。若者にとって、社会のメンバーの一人として市民社会全体を維持・改善していく活動に参加することは重要であるので、この社会認識を高めるために何が必要なのかを考えてみてほしい。

ワーク

・**アイデンティティ・ゲーム**：自分は何者なのかわからないという不安感、自分を探しだす難しさとわかったときの安堵感を疑似体験するゲームである。ペン、A5サイズの紙、洗濯ばさみ（もしくはクリップ）を用意し、次の手順ですすめる。質問の仕方は「はい」か「いいえ」で答えられるものとする。参加者は、自分の背中をみ

ることができない。質問するときは一人につき1回しかできない。

手順
1　周りの人に見られないように、紙に生き物の名前を書く。
2　その紙を、本人に見えないように、洗濯ばさみやクリップを用いてつける。
3　他の人に質問していくことで、自分の背中についている生き物の名前を考える。
4　自分が何か確信がもてたら実施者のところへ行き、最終的な質問（例「私はイルカですか」）をする。正解した参加者は着席。

・**私についての10問法**：以下の「私は」に続く文章を、自由に思いつくままに記入してみよう。

私は＿＿＿＿＿＿＿＿＿＿＿＿＿＿＿＿＿＿＿＿＿＿＿＿＿＿＿＿＿＿＿＿
私は＿＿＿＿＿＿＿＿＿＿＿＿＿＿＿＿＿＿＿＿＿＿＿＿＿＿＿＿＿＿＿＿
私は＿＿＿＿＿＿＿＿＿＿＿＿＿＿＿＿＿＿＿＿＿＿＿＿＿＿＿＿＿＿＿＿
私は＿＿＿＿＿＿＿＿＿＿＿＿＿＿＿＿＿＿＿＿＿＿＿＿＿＿＿＿＿＿＿＿
私は＿＿＿＿＿＿＿＿＿＿＿＿＿＿＿＿＿＿＿＿＿＿＿＿＿＿＿＿＿＿＿＿
私は＿＿＿＿＿＿＿＿＿＿＿＿＿＿＿＿＿＿＿＿＿＿＿＿＿＿＿＿＿＿＿＿
私は＿＿＿＿＿＿＿＿＿＿＿＿＿＿＿＿＿＿＿＿＿＿＿＿＿＿＿＿＿＿＿＿
私は＿＿＿＿＿＿＿＿＿＿＿＿＿＿＿＿＿＿＿＿＿＿＿＿＿＿＿＿＿＿＿＿
私は＿＿＿＿＿＿＿＿＿＿＿＿＿＿＿＿＿＿＿＿＿＿＿＿＿＿＿＿＿＿＿＿
私は＿＿＿＿＿＿＿＿＿＿＿＿＿＿＿＿＿＿＿＿＿＿＿＿＿＿＿＿＿＿＿＿

それぞれ何個の記述があったか数えてみよう。自分が内面に強く目が向いているのか、社会的自己を強く意識しているのか、考えるヒントにしてみよう。

外面的・表面的特徴に関する記述　　　個
心理的特徴に関する記述　　　個

註）この課題は宮下一博「ようこそ！　青年心理学」（ナカニシヤ出版）2009年をもとに作成された。

【読書案内】
「社会的ジレンマ──『環境破壊』から『いじめ』まで」　山岸俊男　PHP新書　2000年：社会的ジレンマとは、人々が自分の利益や都合だけを考えて行動すると、社会的に望ましくない状態が生まれてしまうというジレンマのことである。具体的な実験の紹介に加え、社会的ジレンマがなぜ生じるのか、人間のかしこさとは何かということを考察する。知の無限の地

平を見ることができる一冊である。

「友だち地獄——『空気を読む』世代のサバイバル」　土井隆義　ちくま新書　2008年：周囲から浮いてしまわないよう神経を張りつめ、その場の空気を読む現代の青年の特徴に注目し、いじめやひきこもり、リストカットといった現象を取り上げている。現代の青年を理解する上で非常に役立つ一書となっている。

【コラム：価格の競争ルールについての大学生の理解】

　第3節で扱った社会認識の領域は、法政治領域のみであった。社会の理解においてもうひとつの大きな領域は経済領域である。経済の理解についての研究では、形式的操作期に達している年齢の若者であっても、必ずしも成熟した理解を示さないことが明らかになっている。たとえば、価格の規定因として企業間の競争があるという経済学の基本原理は、大学生ならば理解しているはずであるが、具体的場面にそのルールを適用することが困難である。ある研究では、大学生に表4-9のような説明文（以降、テキ

表4-9　実験1の［事例群］のテキストの概略

　社会科の教科書には、資本主義経済の下では、企業の主目的は利潤の追求だと書かれている。電気製品は生活を便利にしてくれるが、家電メーカーは慈善事業をやっているわけではないので、損をしてまで製品を普及させることはない。経済現象を見るときの視点として「企業は利潤を追求する存在だ」というルールを絶えず意識しておこう。

　<u>企業が多くの利益を上げるには製品の値段を高く設定すればよいのだが</u>、現実には競争があるので、買ってもらうためには他社より値段を低くしなくてはならない。つまり「競争があれば価格を低くせざるを得ない」というルールがある。

　具体例で見ていく。バス会社で新入社員が「新春バス旅行9800円」の企画書を上司に提出した。そのときの会話だ。

　「コストを計算すると粗利益はこれになります」「結構。他社はこのツアーを企画していないんだろうな」「Xバスも同様の企画を立てているようです」「早く言わんか。でいくらだ」「7800円のようです」「それじゃウチのツアーには客は集まらんぞ。価格をもう少し低くしろ」「Xバスがやっていなかったら9800円でもよかったのですか」「そうだ。競争相手がいないときは高くても大丈夫だ。でも競争相手がいるときは安くせざるを得ないのだ」

注）［上位ルール群］のテキストは第1、第2段落のみ。［ルール群］のテキストは第2段落のみで、下線部は「企業（や商店）はできるだけ製品の価格を高く設定したいのだが」となっていた。

ストとよぶ）を読ませ、競争ルールを適用して価格設定の理由を説明できるようになるかを調べた（麻柄・進藤, 2008）。大学生は、提示されるテキストの文章によって「上位ルール群」、「ルール群」、「事例群」に分けられた。テキストの主観的な理解度は高かったにもかかわらず、テキストを読んでも、競争の観点から回答した大学生の割合は、どの群でも3割に満たなかった。つまり、テキストを読んだ効果はなかったことになる。経済のしくみを理解することの困難さを表す実験である。

Chapter 05

生涯発達

そして旅は続く

　本章は、発達を支える社会と文化について扱う。第1章から第4章では、年齢軸にそって個人がどのように変化、成長していくのかを、その発達段階に特有の問題に焦点を当てて考えてきた。つまり、発達の主体である「個人」の側からの記述となっていた。本章では、社会と文化という視点から人間の発達を考える。注意すべきは、社会や文化というものが、個々人の「外側」に存在し、個々人に「影響する」のではない、ということである。社会や文化とは、生活や行動そのものである。そして、流動的、階層的、多層的なものである。本章では、社会や文化とよばれるものが人間の発達においてどのような意味があるのかを考える。最後に、人間にとっての究極的な目標、つまり「幸福」について考えていく。

第1節　文化によって発達の様相は異なるのか？

1．文化を研究する方法

　人間の発達に文化差はあるのか。文化差についての心理学の研究では、国や地域、あるいは男女などの、一見差異がありそうな集団をとりだして、同じ物差しを当てて比較するという方法が主流であった。このような研究方法は、比較文化心理学とよばれる。しかし、同じ物差しで比較したとしても、その国や集団にとって、同じ意味であるとは限らない。近年は、国や集団によってそのひとつひとつの行為や概念がどのような意味をもつのか、ということも考慮して、文化について検討するようになってきた。
　そもそも文化とは何だろうか。本節では、文化の概念をひとつの定義にしぼ

ることはせず、次の3つの様相をもつ定義を採用する（波多野・高橋，1997）。第1の様相は、文化を「ある程度自覚的・永続的な集団の慣習、伝統、実践、さらに共有された意味や視点」とするものである。それぞれの文化圏の間での行動や習慣、考え方がどのように違うのかということに関心があるときにこの視点が採用されることが多い。第2の様相は、個人を取り巻き、個人とかかわりあう人、そして人が作り出したものの全体とする。この視点の研究は、このような文化、具体的には、制度、知識、科学、芸術、道具などを個人がどのように取り込むのか、取り込んだ結果どうなるのか、ということに注目するものが多い。第3の様相は、文化を、認識や思考を導き、型をはめる作用としてとらえる。

ではまず、日本人とアメリカ人を比較した「日本人論」の研究から文化差の問題を考えてみよう。

2. 日本人論

日本人論とは、外国人と比較して、日本人の文化的・民族的特性を論じるというものである。日本人論に関する出版物は多い。たとえば、ルース・ベネディクトの「菊と刀」、中根千枝の「タテ社会の人間関係」、土井建郎の「『甘え』の構造」などがある。日本人論の大部分は、「欧米人は個人主義で、日本人は集団主義である」という典型的な文化二分法に基づいている。個人主義とは、集団よりも自分を優先させる傾向、集団主義とは、個人よりも集団を優先させる傾向である。

では、実際に欧米人は個人主義的で、日本人は集団主義的なのだろうか。高野（2008）によると、アメリカ人と日本人を直接比較した研究17件のうち、アメリカ人よりも日本人のほうが集団主義的であったという結果が出たものは、1件しかなかった。それ以外は、差はないというものが11件、逆にアメリカ人のほうが集団主義的という結果が5件であった。科学的な方法で比較してみると、常識とは異なり、集団主義か個人主義かということについては、アメリカ人と日本人に差がないことが示された。

実際には、明確な差がないにもかかわらず、なぜ多くの人が、「欧米人は個人主義、日本人は集団主義」と信じているのだろうか？　これには、認知の問題がかかわってくる。第4章第3節でみたように、我々はヒューリスティクスとよばれる、認知の歪みを犯してしまう。「欧米人は個人主義、日本人は集団主義」と考えてしまう原因のひとつに、「対応バイアス」というヒューリスティクスがあるといわれる。対応バイアスとは、外的状況を軽視して、性格や能力などの内的特性に原因を求める傾向のことである。人間の行動の原因には、あえて分けるならば、外的状況と内的特性の2種類があるが、性格や能力などの内的特性に行動の原因を求める傾向が強いのである。

　「日本人は集団主義」という考えが定着したのは、第二次世界大戦の直後、ベネディクトの「菊と刀」が出版されてからのことだといわれている（高野，2008）。この時期の日本人は、典型的な集団主義的行動が目立っていた。しかし、状況の影響力を考慮すると、日本人が集団主義的な行動をとっていたのは、「集団主義的な心性」だからというより、巨大な外敵に脅威を感じ戦争を行っていたから、そして戦後は、復興のために一丸となって欧米の企業と競争をしなければならなかったから、なのかもしれない。人間の集団には、外敵からの大きな脅威をうけたときには、内部の団結を強めて自己防衛をはかろうとする傾向がある。対応バイアスは、歴史的状況を考慮せず、行動を国民性や文化といった個人の内的な要因に帰属させてしまうものである。以上から、「文化差がある」のは「状況の差がある」からといえる（高野，2008）。

　では次に、最も文化差が生じるといわれる「道徳」の問題について考えてみよう。はたして文化によって道徳は異なるのだろうか？

3．東洋と西洋の道徳性

　第4章で紹介したミラーの研究のように、欧米は「権利の道徳性」、東洋は「義務の道徳性」を発達させているようにみえる。多くの人が腑に落ちる結論であるだろう。しかし、本当だろうか？

(1)道徳スクリプト

東(1997, 1999)によると、道徳的判断は、特定の行為や価値をそれらの埋め込まれた文脈の認知とセットになって、つまり判断者が一種の物語として理解することによって、なされると指摘する。このような道徳的判断にかかわっての文化的スクリプトがあり、東はそれを道徳スクリプトとよんだ。たとえば、「他者にけがをさせる」というような行為は、どの文化圏でも「他者への害」

表5-1　情報リスト（東，1997より）

1. 年齢　　Aさんは何歳か　　　　　　　　　　　　（18歳）
2. 経験　　Aさんが前にもこのようなことをしたことがあるか
　　　（今までに暴力をふるったことはなかった）
3. 行為の応報　その行為の結果Aさんにどういうことが起こったか
　　　（Aさんは停学処分になった）
4. 世間の見方　世の中の人はこの行為をどのようにとらえているか
　　　（人々はこのような行為を非難した）
5. 今の気持ち　Aさんは現在その行為についてどう思っているか
　　　（とても後悔し、反省している）
　　　（まったく悪いと思っておらず、先生は報いをうけて当然だと思える）
6. 動機　　なぜそういうことをしたか
　　　（先生はいつも他の学生の前でAさんを馬鹿にしていた）
　　　（先生が、Aさんが宿題をやってこなかったので注意した）
7. 計画性　その行為は計画的であったか
　　　（Aさんは突然ペーパーウエイトを取り上げ、投げつけた）
　　　（このところずっと、先生を殴ってしまおうと考えていた）
8. Aさんの生育環境　どういう家庭に育ったか、どのように育てられたか
　　　（中上流の家で育った）
9. 被害の程度　先生のけがはどのくらいであったか
　　　（2～3日学校を休んで静養する程度のけがですんだ）
10. 社会的結果　その行為が社会的にどうとらえられたか
　　　（Aさんは警察に捕えられ、両親のもとでの保護観察処分）
11. 性格　　Aさんはどのような性格であったか
　　　（おとなしく、あまり話さない人であった）
12. その時の気持ち　Aさんはその行為時どのような心境であったか
　　　（激怒していた）
13. Aさんの性別　Aさんは女性か、男性か
　　　（男性）

第1節　文化によって発達の様相は異なるのか？

であり、道徳違反であろう。しかし、同じように「道徳違反（＝するべきではない）」と考えていても、対象となる行為の認知のされ方は文化間で異なる。たとえば「他者にけがをさせる」というものは、前後の文脈から切り離されて道徳判断の対象となるのではなく、判断者がその状況をどのようにとらえるのかという、その行為の文脈の認知とセットになって判断される。そのときに判断に使用されるのが、文化的スクリプトなのである。

東（1997）の実験をみてみよう。たとえば「ある人が教師に故意にけがをさせた」というような行為の簡単な記述だけの中核情報に対して道徳的評価を求め、さらにそのためにどのような情報を付け加える必要があるか、つまり、判断を下せるような物語を構成させた。情報のリストは表5-1の通りである。続く研究では、文脈情報のリストを与えず、自分で情報を作り出して物語にすることを求めている。その結果、日本人は、人間関係や気持ちの流れによって物語を綴る。これが日本人に特有の道徳スクリプトであると論じられている。この道徳スクリプトの観点から、第4章第2節で紹介したミラーの研究を考えてみると、「財布を盗む」という行為は、文脈から切り離されて理解されるものではなく、親友との約束や財を持っている紳士などの含まれた文脈の中で解釈される。文化によって「親友との約束」の意味がずいぶん異なった様相を帯びてくるのではないか。

（2）道徳と事実の区別

道徳判断における文化差は、道徳という価値の領域と、事実の領域を区別して考えるべきである。このことを考える上で重要な理論として、社会的領域理論がある。

社会的領域理論（Turiel, 1983, 2002）は、道徳と慣習の領域は互いに並行して発達するものであり、子どもはかなり早期の段階から慣習についての理解と道徳についての原理的な理解を区別できると主張する。幼児でも、規則の有無にかかわらず道徳的違反を正しくないと判断し（例：「きまりがないとしたら人をぶってもかまわない？」「だめです」）、慣習的な違反の正しさは規則の有無に随伴すると答える（例：「きまりがないとしたら騒いでもいいかな？」「いいです」「どうして？」「き

表5-2 社会的領域理論における各領域の定義と判断基準
(Turiel, 1983；Smetana, 1995；首藤・二宮，2003より)

	道　徳	慣　習	心　理 (個人／自己管理)
知識の基盤	正義(公正)や福祉や権利といった価値概念	社会システム(社会の成り立ち、機能など)に関する概念	個人の自由や意志に関する概念及び自己概念
社会的文脈	行為に内在する情報(行為が他者の身体、福祉、権利に与える直接的な影響)	社会的関係を調整するための、恣意的ながらも意見の一致による行動上の取り決め)	行為が行為者自身に与える影響
規　準	規則の有無とは無関係 権威とは独立 一般性あり 自由裁量なし	規則の有無に随伴 権威に依存 一般性なし 自由裁量なし	規則の有無とは無関係 権威とは独立 一般性なし 自由裁量あり
典型的な場面例	盗み、殺人、詐欺、緊急場面での援助、いじめなど	挨拶、呼称、生活習慣、宗教儀式、テーブルマナー、校則など	趣味、遊びの選択、友達の選択など

まりがないから」)。社会的領域理論では、人間が遭遇する社会的な状況における問題には3つの領域があると考える。詳細は表5-2を参照されたい。多数の実証研究により、幼児期から道徳と慣習を区別できることが示唆されている。かといって、特定の行為やルールと特定の領域が対応しているわけではない。たとえば、「盗む」という行為がすなわち「道徳」というわけではない。つまり、問題をどの領域のことがらとみなすかによって対立が生じる可能性がある。

　社会的領域理論に基づいて道徳判断の文化差を考えてみよう。同じ行為について、道徳と考えるか、慣習的問題と考えるか、あるいは全く個人的な問題と考えるのかということが、そもそも違っている可能性がある。ではなぜ、文化によって、同じ行為を道徳的問題ととらえたり慣習的問題ととらえたりするのだろうか。それは「事実についての信念」という、判断者にとって事実と考えられている現実についての憶測や信念が異なるからなのかもしれない。第4章のシュベーダーの研究をこの観点から再解釈してみよう。この研究では、イン

ド人は「寡婦が魚を食べること」を道徳違反と考えている。しかし、インド人のもつ「死後の魂」の存在という「事実についての信念」、つまり、いわゆる死後生の信念があるかどうかで、場面の解釈が異なってくる。アメリカ人にとっては「単に魚を食べること」にしかすぎない行為（すなわち個人的な問題）が、インド人にとっては死亡した夫の心を害するという意味（すなわち道徳的な意味）になるのである（魚を食べること自体も文化的な意味が含まれると思われるが）。よって、寡婦の行為が個人的な問題と解釈されるか、道徳的な問題と解釈されるかが違うだけで、「害するかどうか」という意味のレベルでは道徳原理に文化差はないということになる。なぜ異なってくるのかというと、その原因のひとつが、「事実についての信念」の差異であり、その結果、場面の解釈が異なってくるのである。

(3)志向性の多元性

　最後に、そもそも人が多様性をもつ存在であることを確認しよう。第4章で紹介した、ギリガン（Gilligan, 1982）の理論によると、女性は男性と異なる道徳性、すなわち「配慮の道徳性」を発達させている。しかし、メタ分析という複数の研究をまとめて分析する手法を用いると、ギリガンが指摘したコールバーグ理論のジェンダーバイアスはみられない。その後正義志向（コールバーグの正義の道徳性に対応）とケア志向（ギリガンの配慮の道徳性に対応）を分類するコーディング・システムが開発され、個人差が検討されているが、一つの志向を一貫して使う傾向は弱い。なお、自分の経験したジレンマについて判断する際には性差が生じることもある。これは、性に関係した環境がそもそも異なることを示すものであり、仮設的ジレンマで性差は見出されない。つまり、ギリガンは状況要因を十分に考慮せず、個人の傾向の役割を過大評価する誤りを犯したといえよう（Jaffee & Hyde, 2000）。

　これはどのように解釈できるのだろうか？　そもそも正義志向とケア志向というのは、人間の発達においてどちらも重要な志向性である。人は親密性を育むとともに、独立していこうという意志ももつ。身近な他者との関係を大切にし、思いやり意識を高めるとともに、公正で公平な判断力も育成しなければな

らない。つまり、人はこれらの2種の志向性（「正義志向」と「ケア志向」）のどちらか一方を有するのではなく、両方をもつともえられている。人間の発達において両側面はともに重要である。

4．まとめ：文化二分法の落とし穴

　文化によって性格や道徳体系が異なる（ようにみえる）。しかし、本節で紹介した研究から、単純に文化二分法を採用することには問題も多い。

　確かに、文化をいくつかのパターンやカテゴリーに分けると、一見とてもわかりやすい。文化差を理解したような気になる。しかし、我々は、状況の力を過小評価する傾向があることに注意したほうがよい。また、人間は複数の価値観や志向性を同時にもっており、それぞれを発達させるということも忘れがちである。一般に、何か違いがあるとき、「国民性」や「道徳性」といった人間の内的な特徴に原因を求めがちである。しかし、人間の行動は、生態学的、歴史的、社会的、経済的な状況を考慮した上で解釈するべきであることを、今一度確認したい。

　また、文化というものが範囲のあいまいな集団であることにも注意すべきである。一口に集団といっても、「集まり」「まとまり」「コミュニティ」「社会」など、さまざまな名称があり、微妙な意味の差異がある。細かく定義することは難しいが、規模と可視性（集団の境界が明確であるかどうか）によって人間の集団をいくつかの種類に分けることは可能である。家族や学級などのような集団は、メンバー同士がお互いに顔見知りであり、可視的な集団である。その一方、地域、民族、文化とよばれるものは、顔見知りではないメンバーも含まれ、メンバーの表象によってその存在が成立しており、範囲もあいまいで、不可視的な集団である。そしてなにより、個人はこれらの複数の集団に同時に所属し、またその優位性はそのときどきで変化する。文化差、地域差というものは、そのときどきに切り取られる一時的な「範囲」でしかないのだ。

　さて、次節では、集団について考える。人間は複数の集団に所属しているが、そもそも集団は人間の発達においてどのような意味があるのだろうか。そこで、

「学び」にしぼって、集団の意味を考えてみることとしよう。

第2節　集団の中での学びとは何だろうか？

　教育（学び）とは、他者をより良くしようとする働きかけであるが、そもそも学びとは何かということに理論的な変遷がある。表5-3に示されるように、行動理論に基づく学びとは、刺激と反応の連合である。たとえば、繰り返し練習し、教師にほめられることによって身につくという学習形態である。認知理論に基づく学びは知識構造の構築である。たとえば、新しい知識を得ることによって、思考の枠組みが変化していくことなどを想像するとよい。この2つについては、読者のみなさんにもなじみがあり、理解しやすいと思われる。しかし、近年は第3の理論である社会文化理論・状況理論が注目されている。これは、人間の学びを個人の能力や知識の変化ではなく、集団の中での変化としてとらえる考え方である。

　学校は、教育を組織的に行うための組織である。現在のような一斉教授法が確立されたのは意外に最近のことであり、19世紀の産業革命によって短期間に大勢の一般の子どもたちに一定の技術と知識を身につけさせる必要性から生まれたといわれ

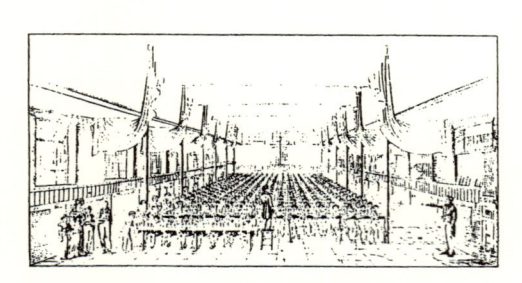

図5-1　一斉指導が行われた19世紀の教場（児美川，1993より）

表5-3　学びをとらえる理論的枠組み（市川，1995；無藤・市川，1998より）

	行動理論	認知理論	状況理論
学習とは	刺激・反応の連合	知識構造の構築	文化的実践への参加
キーワード	反復・強化／条件づけ	情報処理／表象	正統的周辺参加
特徴的な方法論	統制された実験	情報処理モデル	民族誌的観察・記述
背景となる学問	進化論／神経生理学	人工知能／情報科学	社会学／文化人類学

る。図5-1のような当時の教室の様子は、大学の大教室での講義に似ているかもしれない。最初は効率の側面から少数の教育者が大勢の学習者に教授をするという一斉教授法が開発されたのだが、現在では、集団で学ぶことの積極的な意味が見出されている。

そこで、集団の中での学びを理解するために、社会文化的な働きを重視する立場として、ヴィゴツキーの発達の最近接領域の理論と正統的周辺参加の理論をみてみよう。

1. 社会文化理論からみた学び

人間は、生まれた瞬間から、家族や地域社会など、さまざまな集団に取り込まれているといってよい。個人は、それらの集団の一部となるために活動するし、集団の中にある制度や道具が個人の活動や発達を方向づけ、促進させる。制度や道具には、伝統や神話、おもちゃ、明示的な標語、学校や法律など、さまざまなものが含まれる。我々のひとつひとつの行動は、その集団の中で特有の意味をもつ。集団に参加することは、その意味を共有することでもある。このような視点から人間の発達を考えると、発達とは単に個人の能力や知識が変化することではない。

(1) ヴィゴツキーの発達の最近接領域の理論

ピアジェと同時代の人物、ヴィゴツキー（L. S. Vygotsky）は、現代の発達心理学の中核をなす大理論を構築した。田島（2013）の整理によると、ヴィゴツキー理論の柱となる考え方のひとつに、発達の3要因論がある。ピアジェ理論が想定するのは、子どもと環境との相互作用という2要因である。ヴィゴツキーの場合、子どもと環境に加えて、大人または年長者がその活動を媒介する「教育的活動」または「そのときに使用される言葉や記号」という3番目の要因があるという。

たとえば、幼稚園での出来事を親に報告しようとする幼児を考えてみよう。細かいことが思い出せないとき、親は、「それはナニナニちゃんといっしょにしたの？」、「それからどうなったの？」などのようにことばをかけて、幼児が

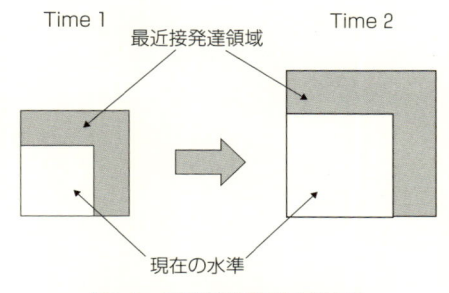

図5-2　最近接発達領域の概念図

思い出せるように助け舟を出す。このような場合、思い出すという、一見頭の中だけで行われているように見える行為が親とのやりとりの中で実現されているのがわかるだろう。これは、精神間相互作用とよばれる。子どもだけで達成できないところを大人の手助けをうけて共同で達成する経験である。そして、子どもは親が自分に対してかけてくれた言葉を、自分自身に対して語りかけるようになる。これを精神内相互作用という。共同で達成したときのことを思い出して自分自身でやってみる（再構成する）のである。その結果として、子どもは大人からの支援をうけなくても、単独で行動できるようになる（この例で言えば、一人で思い出して、他者に報告できるようになる）。

　このような精神間から精神内へ、つまり社会から個人への変化を理解するためのひとつの鍵が、最近接発達領域である。これは、課題に取り組むときに、援助なしに個人が達成できることと、他者の援助があれば達成できることとの差である。子どもは、はじめは、他者とのかかわりの文脈において認知活動が生じる。そして次に、心理的な水準、つまり子どもの内部という個人内の範疇としてそれは現れる。そして、他者からの援助を受けながら活動しているうちに、自力で達成できる水準になっていく。発達水準が上がり、新しい最近接発達領域が切り開かれていくのである（図5-2）。つまり、発達や教育とは、足りないことを教え込むことではなく、他者との共同行為の中で行われるものなのである。

（2）正統的周辺参加

　レイブとウェンガー（1993）による正統的周辺参加という概念は、状況論の立場から学びを考える有力な理論である。理論のもとになったのは、アフリカ人の仕立師の徒弟についての観察であった。それによると、弟子入りしたばかりの見習いが最初に教えられるのは、型紙作りや布地の裁断という仕立ての基

礎的部分ではなく、ボタン付けである。ボタン付けは、簡単でやり直しがきく。さらに重要なことは、製品が出来上がる過程に直接かかわる。徒弟制では、弟子が全体の工程を覚え、技能が上達すると、より難しい部分を担当するようになる。これは、親方が持っていた知識や技能が弟子のものとなっていき、最終的には新しい親方が誕生する過程であるともいえる。このように、たとえ見習いのような未熟な学習者であってもその共同体の「正統なメンバー」であり、周辺部分から徐々に参加度を増していくという意味で、「正統的周辺参加」とよばれるのである。

「正統的周辺参加」の学習は、徒弟制に限られない。たとえば、学校教育を、学校という共同体のメンバーである学習者が、モデルとなる教師や先輩から学んでいく過程ととらえることも可能である。学習者は、学校という共同体が求める知識や技能を身につけようと努める。教師や先輩は学習者の学びの成果に対しアドバイスを行う。そして、学習者の技術が向上するとともにそのときどきの支援が減っていく。これらは通常の学校で当たり前のように見られる光景ではないだろうか。重要なのは、人間が用いている知識や技能は、特定の個人の中にのみ存在するのではなく、それらが用いられている状況や文脈の中で適切に生起するものであるということである。人間は、人とのやり取りの中で、そして集団の中で、社会的に知識を構成していくのである。

では、このような学びのための集団、たとえば学校における学級などは、どのように生まれるのだろうか？　これらは、自然に発生するものではなく、教師が意図的に組織して作り上げるものである。そこで、「学級づくり」とよばれる、学びのための集団づくりについてみていこう。

2．集団づくり

学校教育における集団として代表的なものに学級集団がある。これは家族やサークルと同じく、可視的な集団であるが、独自の特徴も併せもつ。少人数の大人と同年齢の子どもによって構成されていることなどに加え、構成員は強制的に所属させられているにもかかわらず自発的な帰属意識が求められる。よっ

て、学級集団とは自然に発生するのではなく、教師によって意図的に作られるものと考えてよい。メンバーに所属意識と規範をもたせるために、つまり教師は単なる「集まり」を「学級集団」に変容させるために、「学級づくり」に腐心することになる。

　学級づくりの実例をみてみよう。長谷川（2008）は、都内の幼稚園の年少クラス（3歳児クラス）を1年間観察し、クラスとしてまとまるプロセスを探った。その中で注目したのは、「みんな」というよびかけである。「みんな」というのは、字義通りにはそこにいる子どもたち全員を指す呼びかけであるが、さまざまな機能をもつものとして使用される。そこで、お集まり場面の教師の発話から「みな」「みんな」「みなさん」のことばを抽出し、どのような意味で使われているのかを分類した。観察の対象となったお集まり場面から抽出された「みんな」は、総計250個であった。これを、「みんな立ちましょう」のような、行動や態度の一様性を意味する「共同行為者としての皆」、「みんなの好きな絵本」のような、気持ち、知識など心的状態の共有を意味する「共有意識の皆」、「みんなに」などの、不特定多数の聞き手、行為の対象者を意味する「対象者の皆」、「〇くん、みんなどうしてるかな？」のような、特定の幼児以外の幼児全体を意味する「自分以外の皆」、以上に分類できない、あるいは意味を判定できないもの、以上の5つに分類した。結果は図5-3の通りである。

　このように、1学期は「共同行為者としての皆」の言及の割合が多く、3学期になると「共有意識の皆」の言及の割合が多くなった。たとえば、列になることを求める場面において、1学期は「みんな、まっすぐになって」というように、行為の斉

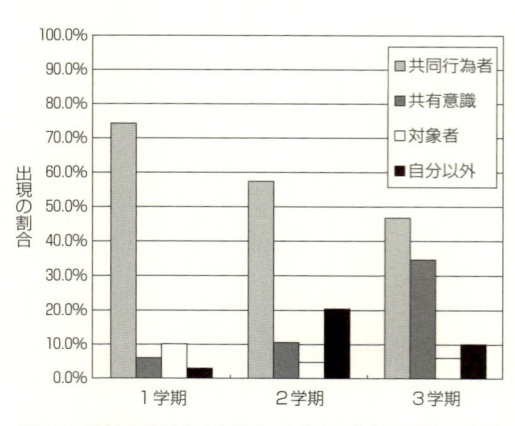

図5-3　教師の発話の中に現れる「みんな」の意味の分類

一性を呼びかけるための「みんな」が使用されることが多い。同じ行為を要請する場面であっても3学期になると「みんな、オッケーの気持ち？」というように、意識の共有性に基づく指示になっていく。教師は、集団全体への呼びかけの内容を集団のまとまりの状況にあわせて変化させていたと考えられる。行動の斉一性に基づく集団から、意識を共有する集団へと変容していることが、教師の発話に現れているのである。

3．授業を成立させるための道具と協同学習

　学校教育では、特有の道具が用いられながら学習がすすんでいく。これは集団の中で学びを成立させるために不可欠な条件である。道具とは、特定の言い回し、標語、規則などである。たとえば、学校の授業では発話は、独特の構造をもつといわれる。その典型例は、I-R-E とよばれる構造である（Mehan, 1998）。I-R-E とは、教師の主導（Initiation）、生徒の応答（Reply）、それに対する教師の評価（Evaluation）という形で展開するパターンである。

　　教師「今何時ですか」
　　生徒「11時です」
　　教師「正解です」

　一般の会話では、「今何時ですか」、「11時です」、「ありがとう」というように展開するところ、教室においては、教師は正解を知っているにもかかわらず生徒の知識を評価するために質問を行うのである。よって、授業の中では、子どもはこの I-R-E 構造を理解して応答しなければならない。小学校から何年も授業を受けている人にとっては当たり前のことかもしれないが、この I-R-E 構造という一種の「道具」も、学校教育の中で徐々に身につけてきたものなのである。

　それ以外にも、発言の前に手を挙げること、教師の許可を得てから発言すること、教師が一人の生徒に話していることは集団全体が把握する必要があることなど、授業が成立するために必要な暗黙のルールが存在する。これらのルールは教師と学習者の両者ともに自覚されていない場合も多い。

清水・内田（2001）は、小学校の「朝の会」が成立する過程を観察している。対象は小学校入学直後の4月から3ヵ月間、1年生の教室である。「今から朝の会を始めます」「質問ありませんか」「起立・礼・着席」のような型が決まっていることばは、「言ってごらん、ふたりでまず、さん、はい」のように、教師が直接指示し、児童はそのまま繰り返すことが多かった。一方、日直となった児童の自由なスピーチや児童同士の質問などについては、ことばを補足するなど、間接的な援助を行っていた。また、4月において、やりとりの大部分は教師と児童であったが、7月になると児童同士のやりとりが全体の中の約6割を占めるようになった。児童は、この学校の「朝の会」のことばのきまりや運営方法を学び、活動に適応していったと考えられる。
　集団の中での学びには、協同学習も含まれる。協同学習とは、集団のメンバーが共通の目標に向かって協力して学習をすすめていくことである。一般には、数人単位の小集団に分割して学習をすすめるグループ学習のことを指す。協同学習には、自分の知らなかった考え方を仲間から学ぶこと、協力することの重要性を学ぶこと、楽しく意欲的に学習に取り組むことができるなどの利点がある（永作・黒田，2012）。

4．まとめ

　本節では、学びにしぼって、人間にとっての集団の意味を考えてみた。人間は「集団から」何か恩恵を得ているというよりも、存在や活動そのものが集団と不可分であると考えたほうがよい。個人が何かできるようになっていく、何かを獲得する過程として発達を考えるのではなく、集団と不可分の個人が、集団の中で何が変化するのか、ひいては集団自体がどのように変化するのかということを考えることが、「集団の中での学びとは」という問いに対する回答になると考えられる。
　人間は、乳幼児の時期から、集団という概念を理解している。そして、その集団という概念は、外界をカテゴリー化、分断化することでもあるので、外界を理解していくことにつながる。さらには、本来フェイス・ツー・フェイスの

関係でしか現れない共感や思いやりを、「集団」の種類や範囲を拡大することで、対面することもない他者に対しても示すことが可能になる。

その一方で、集団内に他者を受け入れるのか否か、他の集団の他者にどのように接するのかというように、集団は排除と偏見の問題を生み出す。我々は、集団の中で学び、成長していくが、その一方で、偏見、差別、不寛容などの問題が生じるのも、集団があるからである。

さて、本書の最後に扱うのは幸福についてである。どの年代にとっても、そしてあらゆる文化において、人生の究極の目的は、幸福になることではないだろうか？　我々はどこに向かおうとしているのだろうか？

第3節　幸福になるにはどうしたらよいのか？

人生の目的を考えるとき、おそらくすべての人々にとって、そして根本的なものとして、「幸福」があげられるかもしれない。その中身は人それぞれかもしれないが、人間の存在の究極の目的と考えてよいだろう。

では、人は何によって幸せになるのだろうか。本節では、幸福とは何かを考えるために、QOLと貧困、そしてレジリエンス（心の回復）についてみていく。

1．幸福を測定する方法

まず、ディーナーら（Diener et al., 1985）の「人生満足度尺度」をみてみよう。幸福感を測定するための尺度として多くの研究で用いられているものである。次の5項目について、読者のみなさんは、どの程度あてはまるろうか？

1　私は自分の人生に満足している。
2　私の生活環境は素晴らしいものである。
3　大体において、私の人生は理想に近いものである。
4　もう一度人生をやり直すとしても、私には変えたいと思うところはほとんどない。
5　これまで私は望んだものは手に入れてきた。

ここで確認しておきたいのは、主観的に体験される「幸福感」と客観的に計量可能な「幸福度」は異なるということである。上述の質問群は、「幸福感」を測定するものである。その一方、「幸福度」を測定する代表的な指標としては、国際連合開発計画の「人間開発指数」がある。これは、出生時平均余命、成人識字率と初・中・高等教育総就学率の合成変数、国民一人当たり GDP の3要因から構成される。このように、幸福というものを数量化するときは、客観的な指標と、主観的な体験という、大きく2つの側面があることは留意すべきである。では、日本人は、他の国と比べて「幸福度」と「幸福感」は高いのだろうか？　低いのだろうか？

　京都大学人文科学系グローバル COE では、上述の「人生満足度尺度」を13ヵ国、8千人以上の協力者を募って回答を求めた。その結果、人生満足感の平均値が比較的低い「日本と韓国」、中程度の「中国・欧米」、比較的高い「メキシコとブラジル」の3グループに分かれた。子安（2014）によると、日本と韓国の幸福感が低いという結果は、「自分の価値を低めに表現する謙譲効果」とは言い切れないという。なぜなら、この調査で同時に測定した「自尊心」の尺度においても、低い値が出ているからである。

　次に、「幸福度」はどうだろうか？　2013年の人間開発指数の1位はノルウェー、次いでオーストラリア、アメリカである。日本は10位であった。しかし、日本の経済状況や出生率の減少を考えると、楽観視はできない。この問題は、本節の最後に扱う貧困の問題とも関連するものである。以上は日本人全体をみたものであったが、では、日本の子どもは幸福なのだろうか？

2．子どもの幸福

　子どもの幸せは、どのような構成要素によって測定することができるのだろうか。ユニセフのイノチェンティ研究所は、表5-4のような6側面について、日本を含む21の先進工業国（OECD 諸国）を対象に測定を試みている。この調査では、表5-4の6側面における国ごとの該当率などを得点化した。その結果、総合的に1位だったのはオランダであり、北欧4ヵ国は上位7位以内に入った。

表5-4　UNICEF イノチェンティ研究所の調査で用いられた子どもの"幸せ"の構成要素
　　　（UNICEF, 2007；菅原，2012より）

第1の側面：物的状況（material situation） 　①相対的所得貧困（等価所得が中央値の50％以下の家庭の子どもの割合） 　②無職の家庭（勤労成人のいない家庭で生活している子どもの割合） 　③資源に関する子ども自身の報告（家庭の豊かさや文化・教育財、教育的環境）
第2の側面：健康と安全（health and safety） 　①0～1歳児の健康（新生児死亡率、低出生体重児〈2,500g 未満〉の割合） 　②予防医療（12～23ヵ月の子どものうち、はしか・ジフテリア・ポリオの予防注射をした割合） 　③安全（0～19歳の子ども10万人あたり、事故または外傷で死亡する人数）
第3の側面：教育的福祉（educational well-being） 　①15歳での学習到達度（読解力・数学リテラシー・科学リテラシーのそれぞれの平均到達度） 　②基礎教育以降の教育（15～19歳で教育を受けている子どもの割合） 　③就職（15～19歳で教育も研修も受けず無職の子どもの場合、低い技能の仕事に就くことを期待している15歳児の割合）
第4の側面：家族・仲間関係（family and peer relationships） 　①家族構成（単親家庭の割合、複合家族の割合） 　②家族関係に関する子どもの報告（家族との活動：夕食を親と一緒にするか、会話しているか） 　③友人関係に関する子どもの報告（友人が親切で困っているときに助けてくれると思うか）
第5の側面：行動とリスク（behaviors and risks） 　①健康行動（朝食摂取、果物摂取、運動、肥満） 　②リスク行動（喫煙、飲食、大麻、性体験、避妊、10代の妊娠率） 　③暴力の経験（過去12ヵ月でのけんか、過去2ヵ月でのいじめ被害）
第6の側面：主観的ウェルビーイング（subjective well-being） 　①健康（自分の健康状態の評価）に関する子どもの自己評価 　②学校生活（学校が好きかどうか）に関する子どもの自己評価 　③生活満足度に関する子どもの自己評価

　幸福というものを測定することに違和感を覚える人も多い中、ユニセフは「改良するには、まず測れ」（UNICEF, 2007, 3）という格言を提示する。目的地に向かう正しい道を示す可能性のために、現状を正確に測定する必要があるのだ。測定するためには、進歩とは何か、何を測るべきかのコンセンサスを成立させなければならないので、結果としてとるべき政策の方向性が決定するのである。

　では、日本の子どもは、他の国と比べてどの程度幸福なのだろうか？　実は日本は、このユニセフの調査ではデータ不足のためランキングには入っていない。しかし、2006年の経済協力機構（OECD）が発表した相対的貧困率の結果

は、楽観視できない事実を突きつける。実は日本は「貧困」だったのである。

3．子どもの貧困
（1）貧　困　率

　内閣府の国民生活に関する世論調査では、1970年以降9割の成人が自身の生活レベルを「中流」と評価し、「一億総中流」とよばれる国民意識が定着した。バブル崩壊や東日本大震災を経た2011年秋の同調査でも、やはり9割以上が「中流」と評価している。しかし、2006年のOECDの報告では、日本の相対的貧困率がOECD加盟30ヵ国中27位であり、先進諸国の中では貧困率の高い国であることが明らかになった。子どもの相対的貧困率も15％以上と、高い割合を示している。

　用語を確認しておこう。相対的貧困率とは、世帯人数で調整した可処分所得が、当該国の中央値の半分に満たない国民の割合のことである。一方、絶対的貧困率とは、生存維持に最低限必要な衣食住の観点から定義されるものであり、生活保護制度のある日本ではほとんど存在しない。

　貧困は、人間の発達においてどのような影響を及ぼすのだろうか。社会調査により、貧困世帯の子どもが、学力、健康、家庭環境などの面で、不利な立場にあることが示されている。問題は、その時点で不利であるというだけでなく、貧困は慢性的な逆境要因として働くということである。貧困は子どもたちに持続的なストレスを与え続け、子どもが自力で抜け出すことが難しい。また、同様に社会調査から、15歳のときの貧困は、20代の暮らし向き、たとえば必要な家電が買えないことや人間関係の希薄さと関係があることが示されている。つまり、子ども期の貧困は子どもが成長した後にも継続して影響を及ぼしているのである（阿部，2008）。もちろん、社会の中で完全な平等が実現することはないだろう。しかし、貧困は、社会として許すべきではないという基準を示すもの、つまり貧困状態とは「許容できない生活水準」のことなのである。

　「許容できない生活水準」を考えるのに役立つのが相対的剥奪指標である。これは、イギリスの貧困研究の中から育まれた手法で、人間の生活には、単に

表5-5　相対的剥奪指標 (阿部, 2006；菅原, 2012より)

社会的必需項目（16項目）		普及率*（%）	100%—普及率（%）
設備	電子レンジ	98.4	1.6
	冷暖房機器（エアコン、ストーブ、こたつなど）	99.1	0.9
	湯沸器（電気温水器など含む）	96.4	3.6
社会生活	親戚の冠婚葬祭への出席（祝儀・交通費を含む）	97.2	2.8
	電話機（ファックス兼用を含む）	97.9	2.1
	礼服	97.2	2.8
	1年に1回以上新しい下着を買う	92.2	7.8
保障	医者にかかる	98.2	1.8
	歯医者にかかる	97.2	2.8
	死亡・障害・病気などに備えるための保険（生命保険・障害保険など）への加入	91.9	8.1
	老後に備えるための年金保険料	93.9	6.1
	毎日少しずつでも貯金ができること	75.0	25.0
住環境	家族専用のトイレ	98.8	1.2
	家族専用のトイレ炊事場（台所）	98.9	1.1
	家族専用の浴室	97.8	2.2
	寝室と食卓が別の部屋	95.0	5.0

*普及率＝欲しくない場合は分母から除く

生物的に生存するだけではなく、社会の一構成員として人と交流したり人生を楽しんだりすることも含まれるという考えが前提になっている。日本版相対的剥奪指標は表5-5の通りである。剥奪のリスクは若年層と、世帯所得の低さとかかわることが示されている。

我々日本人は、貧困というと遠い国の話のような印象をもつことも多い。しかし実際は、このようにさまざまに不利な状況に陥っている子どもが多数存在している。思った以上に身近な問題なのである。貧困であるかどうか以上に、日本の貧しさがあまり認知されていないことのほうが大きな問題なのかもしれない。

（2）経済状態と子どもの発達

日本において、家庭の経済状態と子どもの発達との関連を実証的に検討した研究は少ない。ここでは、「格差センシティブな人間発達科学の創成」プログ

表5-6　QOL尺度の質問項目（古荘，2012より）

1	身体的健康
	病気だと思った 痛いところがあった 疲れてぐったりしていた 元気いっぱいのように感じた
2	情緒的ウェルビーイング（気持ち）
	楽しかったしたくさん笑った つまらなく感じた 孤独のような気がした 何もないのにこわくなったり、不安に思った
3	自尊感情
	自分に自信があった いろいろなことができるような感じがした 自分に満足していた いいことをたくさん思いついた
4	家族
	親とうまくやっていた 家で気持ちよく過ごしていた 家でけんかをしていた 親にやりたいことをさせてもらえないと感じた
5	友達
	友達といっしょにいろいろなことをした 友達に受け入れられていた 友達とうまくやっていた 自分がほかの人たちとくらべて変わっているような気がした
6	学校生活
	学校での勉強は簡単だった 学校はおもしろいと思った 自分の将来について心配していた 悪い成績をとらないか心配していた

ラム（お茶の水女子大学グローバルCOEプログラム）の研究の一部を紹介しよう。この一連の調査で使用されたQOL尺度は、一般の子どもを対象としたKid-KINDL Questionnaire（Bullinger et al., 1994）である。これは6つの下位尺度項目をもつ、子どものQOLを総合的に測定することができるものである。日本版には幼児、児童、青年用が開発されている。具体的な項目の例は、表5-6をみていただきたい。では、子どものQOLと親の経済状態の影響関係を調べた研究をみてみよう。

　調査対象者は、妊娠後期から2歳までの初めて子どもをもつ世帯の両親である。2006年、自記入アンケートの郵送調査として実施された。分析の対象となったのは、同居人がいない3人世帯で、子どもは今回出産した第1子ひとりのみの2,004世帯である。

　まず、日本の相対的剥奪の閾値と考えられる400万円を基準にし、世帯年収が400万円未満のグループと400万円以上のグループの差をみてみよう（表

表5-7 世帯年収400万円未満と400万円以上の家庭の比較 (菅原, 2012より)

	年収400万円未満 (n=516, 25.7%)	年収400万円以上 (n=1,488, 74.3%)
	平均値（標準偏差） 該当%	平均値（標準偏差） 該当%
親の基本属性		
父親年齢	32.08歳 (5.19)	33.97歳 (4.75)
母親年齢	30.43歳 (4.27)	32.20歳 (4.03)
父親学歴（1＝中卒〜5＝大学院卒）	2.52 (0.99)	3.12 (1.12)
母親学歴（1＝中卒〜5＝大学院卒）	2.50 (0.88)	2.90 (0.93)
父親の年収（1．なし〜11．2000万円以上）	3.99 (0.74)	5.22 (1.07)
母親の年収（1．なし〜11．2000万円以上）	1.31 (0.67)	1.94 (1.46)
同居している子どもの人数	1人	1人
母親の就労形態	正規15.0% 非正規60.2%	正規56.5% 非正規24.5%
住環境の子育て利便性（徒歩20分圏の子育て関連施設の有無）		
お散歩できる公園や遊歩道がある	70.4%	77.3%
公共の子育て支援施設がある	50.4%	60.9%
小児科や子どもを診察する病院がある	62.1%	71.4%
産婦人科や助産院がある	35.9%	38.7%
母親の行動・心理的状態		
QOL（心理的側面）	3.32 (0.60)	3.42 (0.58)
養育態度の温かさ	22.88 (1.95)	22.93 (2.06)
子どもの結果変数		
萌芽的な問題傾向	10.55 (3.77)	10.06 (3.62)
乳児期版 QOL 尺度	30.05 (3.63)	30.23 (3.72)

5-7)。その結果、400万円未満の世帯のほうが、年齢が若く、最終学歴が低かった。母親の正規雇用の割合は、400万円未満では15％、400万円以上では56.5％であった。また、母親の心理的ストレス、子どもの問題傾向も、400万円未満の世帯のほうが高かった。

　しかし、重要なのは、世帯年収が子どもの健康と発達に影響するそのプロセスである。菅原（2012）は、影響プロセスを統計的に分析し、世帯年収は、母親の心理的な QOL、養育態度の温かさを経て、子どもの萌芽的問題傾向や子

どものQOLに影響していることを示した。さらに、住居環境の子育て利便性もQOLに影響していた。この結果は、低所得者層のサポートには、経済的な援助だけではなく、親の心身の状態や生活環境も重要であることを示唆すると考えられる。

4．レジリエンス

　本書は一貫して、人間の能動性を描き出してきた（つもりだ）。子どもの幸福と貧困についての研究をみるとき、劣悪な環境が人間の発達を決定してしまうという結論を導きだす危険性がある。もちろん、環境を改善しさまざまなサポートを行うことは大切である。しかし、階層や世帯年収という、個人と独立した「環境」が一方的に人間に影響する、という解釈は正しくない。

　近年注目されているのがレジリエンスという概念である。レジリエンスとは「かなり困難な状況下での肯定的な適応に関するダイナミックなプロセス」(Luthar, Cicchetti, & Becker, 2000) である。これは、ワーナーとスミスが、1950年代から30年間、ハワイのカウアイ島で行った研究において、貧困や親の精神障害などの「ハイリスク」群の子どもの中に、その後の発達に問題がなく、社会的に適応している人たちが少なからず存在することが報告されたのがきっかけとされる (Werner & Smith, 1982)。最初は、このように適応する子どもたちが悪い影響を受けないのは、「内面的な強さ」があるからだと考えられた。つまり、「ハーディネス」という心の頑健さこそが、劣悪な環境や強いストレスに打ち勝つ要因だという考え方であった。しかしその後、困難からの回復は、強さよりも「弾力的な (resilient)」力が重要であること、そして、子どもの力と子どもを取り巻く環境の支援の両方が重要であるという考えに移行してきた。

　虐待をうけた子どもたちの縦断調査を行い、その中でも良好な発達を遂げた子どもがどのように適応を達成したのかのプロセスを探った研究をみてみよう (Cicchetti & Rogosch, 1997)。調査対象は、1990年から1996年にかけて実施された夏のキャンプに、3年間連続して参加した213名である。初年度のキャンプ参加年齢は6歳から11歳であり、被虐待群は133名、比較群（虐待を経験していない

子どもの群、分析上の比較のためのグループ)は80名であった。そして、抑うつ尺度、自尊心尺度、語彙検査などの複数の心理検査や仲間指名法(参加者同士で「最も好ましい」「協調性がある」「攻撃的」などの特徴に当てはまる子どもを指名する)、カウンセラーによる問題行動や攻撃行動などの評定、学校のリスク評定(成績や出席状態など)、そしてレジリエンシー(レジリエンスの力)および自我のコントロール尺度などが調べられた。適応しているかどうかは、学校のリスク評定とカウンセラーによる評定、子ども本人が回答した抑うつ尺度の得点が用いられた。

　分析の結果、被虐待群の子どものほうがレジリエンシー、自我のコントロール、自尊心などが低かったが、それは驚くべき結果ではない。注目すべきは、適応しているかどうかが虐待経験の有無によって異なることである。比較群の場合、レジリエンシー、知能、母親との安定した情緒的かかわり、カウンセラーとの関係という4変数が、子どもの適応に影響していた。一方、被虐待群の場合は、レジリエンシー、自我の強いコントロール、自尊心の3変数が、子どもの適応に影響していた。虐待を受けていない子どもにとっては、母親やカウンセラーとの関係性が重要であり、虐待を受けた子どもにとっては自尊心や自我のコントロールなど精神的な安定を保つことが重要であると考えられる。

5．まとめ

　本書の最後となるこの節では、幸福について扱った。そして、幸福を考えるためには、まず測定方法を考える必要があることを確認した。それは、改良するためにはまず現状を把握する必要があるからである。そして、幸せとかかわる問題として貧困や経済状況、そして心の回復力を取り上げた。本節で扱った問題は、「はたして自分はどうなのか」と考えることにつながると同時に、心理学を超えて「現実社会で我々はどうすればよいのか」を考えるべき問題提起でもあった。

　同時に、本書において主張し続けている、いくつかの考え方を再確認することにもなったのではないだろうか。第一に、人間を、生物、心理、社会的な存在としてとらえることである。複合的に問題をとらえ分析する必要があるので

ある。第二に、実証研究の重要性である。心理学が扱う概念は、直接測ることができない故にさまざまな問題が生じる。場合によっては「測定すること自体が無意味」と考える人も出てくるだろう。しかし、人間や社会をよりよくするためには、まず現状を把握する必要がある。思い込みや直観は、現実を覆い隠してしまう危険性を常にはらむ。何らかの基準で測定し、科学的な根拠を用いて考えていくことの重要性を今一度問い直してみたい。第三に、人間の発達は、個人の個性や特徴で決定するのではなく、他者、集団、社会との相互作用により、ダイナミックに変化していく過程である。そして、個人がまた集団や社会を変革する起点ともなるのである。人間の存在は「プロセス」であり、常に変容していくものであり、可塑性に富んでいる。

さて、このように本書が提示した人間の発達の様相は、読者のみなさんの実感する「自分」と「自分の発達」に、どの程度一致しているであろうか？

ワーク

・**集団**：自分が所属している集団にはどのようなものがあるのかを書き出してみよう。そして、それぞれの集団の可視性の有無、自分にとってどのような意味をもつ集団なのかを思い起こしてみよう。

・**ストレス・コーピング**：ストレスに対する対処をストレス・コーピングという。カラオケやおしゃべりなど、状況を離れ他のことに没頭するのは消極的な対処法であり、状況や要因を分析して計画的に対処するのは積極的な対処法であるといわれる。受講者同士で、どのようなストレス・コーピングがあり、有効だったのかを、話し合ってみよう。

【読書案内】

「しあわせ仮説――古代の知恵と現代科学の知恵」 ジョナサン・ハイト 新曜社 2011年：進化心理学、脳科学、発達心理学、倫理学、経済学など、幅広い領域に目配りし、人間の心について、筆者独特の切り口で解説している。現代の心理学をリードする21世紀の知の巨人による、意欲的な一冊。どのように生きればよいのか、幸せになるためにどうすればよいのかについて、科学的な根拠に基づいた答えが提示されている。

「デザインド・リアリティ――集合的達成の心理学（増補版）」　有元典文・岡部大介　北樹出版　2013年：第2節で扱った状況理論を理解するのは難しい。本書は、身近な具体例を用いて、人間がいかに状況や環境とともに存在しているのかを解説している。本書を通読した後、人間の存在についての常識の大転換が生じるだろう。後半の抽象的な議論も、じっくり読み込んでほしい。

「子どもの貧困――日本の不公平を考える」　阿部彩　岩波新書　2008年：貧困というと遠い国の話のような印象を持つ人も多いが、日本は統計的に貧困率が高いことが示されており、真剣に考えるべき課題である。貧困がいかに発達のさまざまな側面で不利益をもたらすのか、豊富なデータに基づき議論している。「データは、政治を動かす上でパワフルなツールである」という筆者の主張は傾聴に値する。

「貧乏人の経済学」　アビジット・V・バナジー、エスター・デュフロ　みすず書房　2012年：貧困問題について、それでは具体的にどうすればよいのか？と考えたときに、統計データに基づき援助が成功または失敗した原因を明らかにしていく本書をぜひ読んでほしい。解決策は単純ではなく、一歩一歩地道にすすんでいくしかないが、それが近道でもある。幸福について考えさせられる一冊でもある。

【コラム：心はどこにあるのか？】

　人間は身体と心、すなわち肉体的要素と心的・精神的要素という二つの要素から構成されているという考え方は、二元論とよばれる。一般人の多くが抱いている考え方である。しかし、身体と心がどのように作用しあうのかはわからないので、二元論に基づいて心を科学的に調べることは困難である。

　それに対し、唯物論は、心と肉体的要素を異なる二つの要素とは考えない。唯物論において心を理解するとは、基本的に脳を理解することである。なお、すべての心的状態を肉体的なもの（＝脳）に還元することができるという還元唯物論、人は脳内の変化を伴う心的経験のすべてを認識することは不可能であるという排除唯物論がある。心＝脳という立場に立つ人は少なくない。

　機能論は、心は必ずしも脳ではなく、事象の間の因果関係によって相互に関連づけられると考える。

　どの立場が正しいかということではなく、心を調べる方法を考えるときに（つまり心理学の研究を行うときに！）、どの立場に立つかを意識することが重要なのである。その前提が異なっていると、議論が食い違うこともあるだろう。

終章
未来を生きるすべての人へのメッセージ

　人はなぜ発達するのだろうか。この難しく、しかしながら魅力的な謎に、本書は少しでも考えるヒントを提供できただろうか。

　我々は誰でも、「現在」を生きている。感じられるのは現在の「点」かもしれない。しかし、この「点」は、過去と未来につながっている。発達とは、「点」をつなぎあわせた、一本の糸、あるいは一枚の織り物であるだろう。

　ひとりひとりの発達は、歴史、社会、文化と独立したものではなく、その中に織り込まれている。個人の側からではなく、歴史や社会の側からみると、そこにはひとりひとりの発達が織り込まれて作られている。そしてそれは常に変化するものでもある。このような「社会-心理-生物」的な存在として人間を見るとき、孤立した「個」という枠組みが揺らぐのではないか。

　しばしば「一度きりの人生」ということばを目にするが、正確には、その年代、その発達段階は一度しか体験できない、ということではないかと思う。本書で見てきたように、人間の発達は可塑性に満ちており、やり直しがきく。逆戻りできないからといって可能性が閉ざされるわけではない。しかしながら、やはり、小学校のあの時代、中学校のあのクラス、高校のあの体験という、それぞれの「時代」は、かけがえのない一回きりの体験なのである。

　発達心理学は、その1回1回の体験の「意味」を考えるものでもある。確かに「その時代」に戻ることはできないが、そのときどきの「意味」をとらえ直すことは可能である。こうすることによって、人生はより多層的に豊かになっていくかもしれない。

　「はじめに」にかかげた問いに対し、納得できる答えは、残念ながらすぐには得られないだろう。しかし、発達心理学の研究成果から、少なくとも「我々がどのような存在か」については、ある程度答えることができるかもしれない。そしてその先は、読者のみなさんひとりひとりが、考えてほしい。

　　　　我々はどこから来たのか　我々は何者か　我々はどこへ行くのか

　　　　　　　　　　　　　　　　　　　　　　　（ポール・ゴーギャン，ボストン美術館所蔵）

【読 書 案 内】

「生涯発達のダイナミクス　知の多様性　生きかたの可塑性」　鈴木忠　東京大学出版会 2008年：なぜ人間が発達するのかということを根本的に考えることができる。発達の各段階の記述に陥りがちな発達心理学を、「可塑性」という糸でつなぎ、さまざまな研究結果をとらえなおしている。真に「生涯にわたる発達」を理解したい人は必読の書。

日本発達心理学会（編）　発達科学ハンドブック　全6巻　新曜社：現在の発達心理学（発達科学）の到達点を知るには最適なシリーズである。膨大な量であるが発達科学の全体像を概観できる。その中で特に興味をもったテーマについてじっくり読むこともおすすめする。

【キーパーソン一覧】

ブロンフェンブレンナー（U. Bronfenbrenner, 1917-2005）
　モスクワで生まれる。6歳のときに家族とともにアメリカに移住。発達を、ひろく歴史的、文化的、社会的文脈において研究し、生態学的発達研究アプローチを提唱した。本書でも紹介した入れ子状態のモデル図は、日本のほとんどの発達心理学の教科書に掲載されているといっても過言ではない。彼の研究と理論は、アメリカのヘッドスタートプログラムにも影響を与えている。

ボウルビィ（J. M. Bowlby, 1907-1990）
　イギリスの児童精神分析学者、精神医学者。ロンドン大学で医師の資格を取得し、モーズレイ病院で児童精神病学と精神分析を専攻した。1950年にWHOの精神衛生顧問に任ぜられ、戦災孤児やその他の理由で実の家庭から分離され、収容施設で養育されている子どもの精神衛生問題を調べるために欧米諸国を歴訪した。彼の理論は精神分析理論にエソロジーを導入したものであり、乳幼児の人格の正常な発達に対し大きな示唆を与えるものである。また、児童収容施設の改善や児童保護の活動にも大きな影響を与えた。

ピアジェ（J. Piaget, 1896-1980）
　スイス生まれ。10歳のときにすでに生物学の論文を投稿したという俊英である。大学では生物学を専攻したが、在学中、哲学と自然科学を結ぶものとして心理学に興味を持ち、のちにフランスで知能検査の研究に携わる。この経験が、発達理論を構築するきっかけになったとも言われる。彼は自身の3人の子どもの発達を詳細に観察し、それをもとに壮大な理論を作り上げた。彼の見出した現象の多くは今なお魅力的な謎として、研究者を引きつけてやまない。

コールバーグ（L. Kohlberg, 1927-1987）
　アメリカのニューヨーク生まれ。シカゴ大学で博士号を取得し、ハーバード大学教授、同大学道徳教育センター所長も就任した。コールバーグは、ピアジェの道徳発達理論を青年期まで拡大した。丁寧に青年にインタビューを行い、道徳性の発達を理論化した。現在、彼の理論のすべてが支持されているわけではないが、哲学、

社会学など他領域、および道徳教育や市民教育などの教育現場への影響ははかり知れないものがある。

ギリガン（C. Gilligan, 1937-）

　ニューヨーク生まれ。現在はケンブリッジ大学に所属。コールバーグとともに研究し、また、コールバーグを批判した。1982年に公刊された「In a Different Voice」（邦訳はもうひとつの声——男女の道徳観のちがいと女性のアイデンティティ）」は、フェミニズムが台頭した当時の、時代の寵児として注目され、ベストセラーにもなった。実証性は必ずしも追求されてはいないが、今なお魅力的な理論として読み継がれている。2008年には小説も発表している。心理学という領域にはおさまらない知の巨人であろう。

エリクソン（E. H. Erikson, 1902-1994）

　ドイツのフランクフルトに生まれ、のち、アメリカに移る。ウィーンの精神分析研究所での経験を除き、正規の教育はほとんど受けていないという。ユダヤ系デンマーク人の母親と養父の元で育つものの、父親の名前を生涯知らなかったという出自を持ち、高校を卒業後画家を目指してヨーロッパを遍歴したという体験が、アイデンティティ理論につながっているともいわれる。1930年代以降、アメリカのハーバード大、エール大などで職を得て、研究を行う。彼自身は、自分の研究をフロイトの学説の敷衍と考えているようであったが、文化人類学的知識を背景に、発達を文化的、歴史的にとらえ、独自の理論を作り上げている。

ヴィゴツキー（L. S. Vygotsky, 1896-1934）

　旧ソビエトの心理学者。心理学の研究に力を注ぐようになったのは28歳から肺結核で倒れるまでの38歳までという、わずか10年足らずである。その間に残した未完の論文は80編を超すと言われるが、そのうち刊行されているものはわずかである。当時の心理学の主流であった、感覚的知覚や単純な記憶の実験、あるいは意識の記述という研究方法では人間を理解することはできないと考え、独自の理論を構築した。彼の理論のオリジナリティは「ヴィゴツキアン」とよばれる熱烈なフォロワーを生み出すほどの魅力に満ちている。

引 用 文 献

序　章
Cairns, R. B. (1998). The making of developmental psychology. In R. M. Lerner (Ed.), *Handbook of Child Psychology* (5th ed.), Volume 1: Theoretical Models of Human Development. Wiley. 25-105.
Horn, J. L., & Cattell, R. B. (1966). Refinement and test of the theory of fluid and crystallized general intelligences. *Journal of Educational Psychology*, **57**, 253-270.
Sameroff, A. J. (1975). Early influences on development: Fact or fancy? *Merrill-Palmer Quarterly*, **21**, 267-294.

第1章
Baillargeon, R., Spelke, E. S., & Wasserman, S. (1985). Object permanence in five-month-old infants. *Cognition*, **20**, 191-208.
Eimas, P. D., Siqueland, E. R., Jusczyk, P., & Vigorito, J. (1971). Speech perception in infants. *Science*, **171**, 303-306.
Fantz, R. L. (1958). Pattern vision in young infants. *The Psychological Record*, **8**, 43-47.
Fantz, R. L. (1961). The origin of form perception. *Scientific American*, **204**, 66-72.
Fry, P. S., & Addington, J. (1984). Professionals' negative expectations of boys from father-headed single-parent families: Implications for the training of child-care professionals. *British Journal of Developmental Psychology*, **2**, 337-346.
Hamlin, J. K., Wynn, K., & Bloom, P. (2007). Social evaluation by preverbal infants. *Nature*, **450**, 557-559.
ルイス，M.／高橋恵子（監訳）（2007）．愛着からソーシャル・ネットワークへ　新曜社
Meltzoff, A. N., & Borton, R. W. (1979). Intermodal matching by human neonates. *Nature*, **282**, 403-404.
Meltzoff, A. N., & Moore, M. K. (1977). Imitation of facial and manual gestures by human neonates. *Science*, **198**, 75-78.
ポルトマン，A.／高木正孝（訳）（1961）．人間はどこまで動物か――新しい人間像のために　岩波書店
鈴木忠（2008）．生涯発達のダイナミクス　知の多様性　生きかたの可塑性　東京大学出版会
Wynn, K. (1992). Addition and subtraction by human infants. *Nature*, **358**, 749-750.

第2章
天谷祐子（2011）．私はなぜ私なのか――自我体験の発達心理学　ナカニシヤ出版
Astington, J. W., & Lee, E. (1991). What do children know about intentional causation? Paper presented at the Biennial Meeting of the Society for Research in Child Development, Seattle, Wash.
バターワース，G.・ハリス，M.／村井潤一（監訳）（1997）．発達心理学の基本を学ぶ　ミネルヴァ書房
Chi, M. T. H. (1978). Knowledge structures and memory development. In R. S. Siegler (Ed.), *Chil-

dren's thinking: What develops? Erlbaum. pp. 73-96.
Chi, M. T. H., & Koeske, R. D. (1983). Network representation of a child's dinosaur knowledge. *Developmental Psychology*, **19**, 29-39.
Donaldson, M. (1978). *Children's Minds*. W. W. Norton.
稲垣佳世子・波多野誼余夫（著・監訳）（2005）．子どもの概念発達と変化――素朴生物学をめぐって　共立出版
Lewis, M., & Brooks-Gunn, J. (1979). *Social cognition and the acquisition of self*. Plenum Press.
Lockhart, K. L., Nakashima, N., Inagaki, K., & Keil, F. C. (2008). From ugly duckling to swan? Japanese and American beliefs about the stability and origins of traits. *Cognitive Development*, **23**, 155-179.
Meltzoff, A. N. (1995). Understanding the intention of others: Re-enactment of intended acts by 18-month-old children. *Developmental Psychology*, **31**, 838-850.
Perner, J., & Wimmer, H. (1985). "John thinks that Mary thinks that...": Attribution of second-order beliefs by 5-to 10-year-old children. *Journal of Experimental Child Psychology*, **39**, 437-471.
Piaget, J., & Inhelder, B. (1948). *La représentation de l'espace chez l'enfant*. Presses Universitaires de France.
Povinelli, D. J., Landau, K. R., & Perilloux, H. K. (1996). Self-recognition in young children using delayed versus live feedback: Evidence of a developmental asynchrony. *Child Development*, **67**, 1540-1554.
Premack, D., & Woodruff, G. (1978). Does the chimpanzee have a theory of mind? *Behavioral and Brain Sciences*, **1**, 515-526.
ロシャ, P.／板倉昭二・開一夫（監訳）（2004）．乳児の世界　ミネルヴァ書房
Wellman, H. M. (1990). *The Child's Theory of Mind*. The MIT Press.
Woodward, A. L. (1998). Infants selectively encode the goal object of an actor's reach. *Cognition*, **69**, 1-34.

第3章

Campos, J. J., Bertenthal, B. I., & Kermoian, R. (1992). Early experience and emotional development: The emergence of wariness of heights. *Psychological Science*, **3**, 61-64.
Damon, W., & Hart, D. (1982). The development of self-understanding from infancy through adolescence. *Child Development*, **53**, 841-864.
Gibson, E. J., & Walk, R. D. (1960). The "visual cliff." *Scientific American*, **202**, 64-71.
Harter, S. (1982). The perceived competence scale for children. *Child Development*, **53**, 87-97.
保坂亨（1998）．児童期・思春期の発達　下山晴彦（編）教育心理学2　発達と臨床援助の心理学　東京大学出版会　pp. 103-123.
保坂亨・岡村達也（1986）．キャンパス・エンカウンター・グループの発達的・治療的意義の検討　心理臨床学研究, **4**, 15-26.
今井むつみ・野島久雄（2003）．人が学ぶということ：認知学習論からの視点　北樹出版
Selman, R. L. (2003). *The promotion of social awareness: Powerful lessons from the partnership of developmental theory and classroom practice*. Russell Sage Foundation.
Shaffer, D. R. (1973). Children's responses to a hypothetical proposition. Paper presented at the

annual meeting of Midwestern Psychological Association.

高橋恵子 (1983). 対人関係 波多野完治・依田新（監修） 児童心理学ハンドブック 金子書房 pp. 607-639.

Vosniadou, S., & Brewer, W. F. (1992). Mental models of the earth: A study of conceptual change in childhood. *Cognitive Psychology*, **24**, 535-585.

Youniss, J. E. (1980). *Parents and peers in social development*. University of Chicago Press.

Yussen, S. R., & Levy, V. M. (1975). Developmental changes in predicting one's own span of short-term memory. *Journal of Experimental Child Psychology*, **19**, 502-508.

第4章

麻柄啓一・進藤聡彦 （2008）. 社会科領域における学習者の不十分な認識とその修正——教育心理学からのアプローチ 東北大学出版会

東洋 （1997）. 日本人の道徳意識——道徳スクリプトの日米比較 柏木恵子・北山忍・東洋（編） 文化心理学——理論と実証 東京大学出版会 pp. 88-108.

長谷川真里 （2001）. 児童と青年の「言論の自由」の概念 教育心理学研究, **49**, 91-101.

長谷川真里 （2003）. 言論の自由に関する判断の発達過程：なぜ年少者は言論の自由を支持しないのか？ 発達心理学研究, **14**, 304-315.

波多野誼余夫 （1987）. 社会認識における経験と学習 東洋・稲垣忠彦・岡本夏木・佐伯胖・波多野誼余夫・堀尾輝久・山住正己（編） 岩波講座 教育の方法5 社会と歴史の教育 岩波書店 pp. 1-22.

Kinoshita, Y. (1989). Developmental changes in understanding the limitation of majority decisions. *British Journal of Developmental Psychology*, **7**, 97-112.

Kinoshita, Y. (2006). Children's judgment of the legitimacy of group decision making about individual concerns: A comparative study between England and Japan. *International Journal of Behabioral Development*, **30**, 117-126.

木下芳子 （2009）. 多数決の適用についての判断の発達：日本とイギリスとの比較研究 発達心理学研究, **20**, 311-323.

北折充隆 （2007）. 社会規範からの逸脱行動に関する心理学的研究 風間書房

Melton, G. B. (1980). Children's concepts of their rights. *Journal of Clinical Child Psychology*, **9**, 186-190.

Miller, J. G., & Bersoff, D. M. (1992). Culture and moral judgment: How are conflicts between justice and interpersonal responsibilities resolved? *Journal of Personality and Social Psychology*, **62**, 541-554.

無藤清子 （1979）. 「自我同一性地位面接」の検討と大学生の自我同一性 教育心理学研究, **37**, 178-187.

村井実 （1990）. 道徳は教えられるか 国土社

内藤俊史 （2005）. 道徳性を構成するもの——道徳性心理学 内田伸子（編著） 心理学——こころの不思議を解き明かす 光生館 pp. 83-103.

大久保智生・加藤弘通 （2006）. 問題行動を起こす生徒の学級内での位置づけと学級の荒れおよび生徒文化との関連 パーソナリティ研究, **14**, 205-213.

Shweder, R. A., Mahapatra, M., & Miller, J. G. (1987). Culture and moral development. In J. Kagan, &

S. Lamb（Eds.），*The emergence of morality in young children.* University of Chicago Press. pp. 1-83.
外山紀子・長谷川真里　（2011）．　人権に関する素人の法的判断と道徳的判断　法と心理，**10**，131-143．
Tversky, A., & Kahneman, D.（1974）. Judgment under uncertainty: Heuristics and biases. *Science,* **185**, 1124-1131.
山崎優子・仲真紀子　（2008）．　「未必の故意」に関する教示が司法修習生と大学生の裁判理解および法的判断に及ぼす影響　法と心理，**7**，8-18．

第5章

阿部彩　（2008）．　子どもの貧困——日本の不公平を考える　岩波新書
東洋　（1997）．　日本人の道徳意識——道徳スクリプトの日米比較　柏木惠子・北山忍・東洋（編）　文化心理学——理論と実証　東京大学出版会　pp. 88-108．
東洋　（1999）．　文化心理学の方法をめぐって——媒介概念としての文化的スクリプト　発達研究，**14**，113-120．
Bullinger, M., Mackensen, S., & Kirchberger, I.（1994）. KINDL ein Fragebogen zur gesundheitsbezogenen Lebensqualität von Kindern. *Zeitschrift für Gesundheitspsychologie,* **2**, 64-67.
Cicchetti, D., & Rogosch, F. A.（1997）. The role of self-organization in the promotion of resilience in maltreated children. *Development and Psychopathology,* **9**, 797-815.
Diener, E., Emmons, R. A., Larsen, R. J., & Griffin, S.（1985）. The satisfaction with life scale. *Journal of Personality Assessment,* **49**, 71-75.
Gilligan, C.（1982）. *In a different voice: Psychological theory and women's development.* Harvard University Press.
長谷川真里　（2008）．　幼稚園における幼児のコミュニケーション力の発達——リスク社会に対応できる力を育成する教師の働きかけと仲間関係　幼児の安全教育に関する総合的研究　——幼児の危険認識の発達に及ぼす社会・文化的要因の影響　財団法人セコム科学技術振興財団研究助成　平成19年度研究成果報告書　pp. 77-103．
波多野誼余夫・髙橋惠子　（1997）．　文化心理学入門　岩波書店
Jaffee, S., & Hyde, J. S.（2000）. Gender differences in moral orientation: A meta-analysis. *Psychological Bulletin,* **126**, 703-726.
子安増生　（2014）．　幸福感の向上を政策目標に　子安増生・仲真紀子（編著）　こころが育つ環境をつくる：発達心理学からの提言　新曜社　pp. 235-255．
レイブ，J.・ウェンガー，E.／佐伯胖（訳）　（1993）．　状況に埋め込まれた学習——正統的周辺参加　産業図書
Luthar, S. S., Cicchetti, D., & Becker, B.（2000）. The construct of resilience: A critical evaluation and guidelines for future work. *Child development,* **71**, 543-562.
Mehan, H.（1998）. The study of social interaction in educational settings: Accomplishments and unresolved issues. *Human Development,* **41**, 245-269.
永作稔・黒田祐二　（2012）．　学習指導と教育評価　どのように指導，評価すればよい？　櫻井茂男（監修）　実践につながる教育心理学　北樹出版　pp. 175-192．
清水由紀・内田伸子　（2001）．　子どもは教室のディスコースにどのように適応するか——小学1年生

の朝の会における教師と児童の発話の量的・質的分析より　教育心理学研究, **49**, 314-325.
菅原ますみ（2012）．子ども期のQOLと貧困・格差問題に関する発達研究の動向　菅原ますみ（編）お茶の水女子大学グローバルCOEプログラム格差センシティブな人間発達科学の創成　子ども期の養育環境とQOL　金子書房　pp. 1-23.
田島信元（2013）．ヴィゴツキーの文化的発達理論の貢献：過去・現在・未来　日本発達心理学会（編）発達科学ハンドブック1　発達心理学と隣接領域の理論・方法論　新曜社　pp. 31-42.
高野陽太郎（2008）．「集団主義」という錯覚——日本人論の思い違いとその由来　新曜社
Turiel, E. (1983). *The development of social knowledge: Morality and convention*. Cambridge University Press.
Turiel, E. (2002). *The culture of morality: Social development, context, and conflict*. Cambridge University Press.
UNICEF　イノチェンティ研究所　2007　Report Card 7　研究報告書
ウェブ版　http://www.unicef.or.jp/library/pdf/labo_rc7.pdf（2014年8月1日）
Werner, E. E., & Smith, R. S. (1982). *Vulnerable but invincible: A longitudinal study of resilient children and youth*. McGraw-Hill.

図表の引用文献

阿部彩（2006）．相対的剥奪の実態と分析：日本のマイクロデータを用いた実証研究　社会政策学会（編）社会政策における福祉と就労　法律文化社　pp. 251-275.
天谷祐子（2009）．青年期1——自分らしさへの気づき　藤村宣之（編）発達心理学——周りの世界とかかわりながら人はいかに育つか　ミネルヴァ書房　pp. 125-145.
天野清・黒須俊夫（1992）．小学生の国語・算数の学力　秋山書店
東洋（1997）．日本人の道徳意識——道徳スクリプトの日米比較　柏木惠子・北山忍・東洋（編）文化心理学——理論と実証　東京大学出版会　pp. 88-108.
Bower, T. G. R. (1982). *Development in infancy*. Freeman.
バターワース, G.・ハリス, M.／村井潤一（監訳）（1997）．発達心理学の基本を学ぶ　ミネルヴァ書房
Chi, M. T. H. (1978). Knowledge structures and memory development. In R. S. Siegler (Ed.), *Children's thinking: What develops?* Erlbaum. pp. 73-96.
Colby, A., Kohlberg, L., & collaborators (1987). *The measurement of moral judgment* (Vols. 1-2). Cambridge University Press.
Crick, N. R., & Dodge, K. A. (1994). A review and reformulation of social information-processing mechanisms in children's social adjustment. *Psychological Bulletin*, **115**, 74-101.
Damon, W., & Hart, D. (1988). *Self understanding in childhood and adolescence*. Cambridge University Press.
旦直子（2009）．乳児期1——世界を知りはじめる　藤村宣之（編著）発達心理学——周りの世界とかかわりながら人はいかに育つか　ミネルヴァ書房　pp. 1-22.
遠藤利彦・田中亜希子（2005）．アタッチメントの個人差とそれを規定する諸要因　数井みゆき・遠藤利彦（編著）アタッチメント——生涯にわたる絆　ミネルヴァ書房　pp. 49-67.
榎本淳子（2011）．対人関係——親子関係から仲間関係へ　中澤潤（監修）幼児・児童の発達心理

学　ナカニシヤ出版　pp. 145-156.
エリクソン，E. H.／仁科弥生（訳）（1977）．幼児期と社会1　みすず書房
Fantz, R. L. (1961). The origin of form perception. *Scientific American*, **204**, 66-72.
Field, T. (1978). Interaction behaviors of primary versus secondary caretaker fathers. *Developmental Psychology*, **14**, 183-184.
藤村宣之　（2009）．発達心理学——周りの世界とかかわりながら人はいかに育つか　ミネルヴァ書房
藤村宣之　（2011）．児童期　無藤隆・子安増生（編）　発達心理学Ⅰ　東京大学出版会　pp. 299-338.
藤永保・斎賀久敬・春日喬・内田伸子　（1987）．人間発達と初期環境　初期環境の貧困に基づく発達遅滞児の長期追跡研究　有斐閣
福田佳織　（2012）．笑って子育て——物語でみる発達心理学　北樹出版
古荘純一　（2012）．学童期のQOLと心の問題　菅原ますみ（編）　お茶の水女子大学グローバルCOEプログラム格差センシティブな人間発達科学の創成　子ども期の養育環境とQOL　pp. 25-40.
Gibson, E. J., & Walk, R. D. (1960). The visual criff. *Scientific American*, **202**, 64-71.
繁多進　（1987）．愛着の発達：母と子の結びつき　大日本図書
林創　（2008）．再帰的事象の認識とその発達に関する心理学的研究　風間書房
平井真洋　（2010）．身体・身体運動知覚に関する発達認知神経科学研究とその展望　ベビーサイエンス，**10**, 6-25.
市川伸一　（1995）．学習と教育の心理学（現代心理学入門3）　岩波書店
今井むつみ・岡田浩之・野島久雄　（2012）．新・人が学ぶということ——認知心理学論からの視点　北樹出版
稲垣佳世子・波多野誼余夫（著・監訳）（2005）．子どもの概念発達と変化——素朴生物学をめぐって　共立出版
Inhelder, B., & Piaget, J. (1955). *The growth of logical thinking from childhood to adolescence*. Basic Books.
板倉昭二　（2007）．心を発見する心の発達　京都大学学術出版会
伊藤美奈子　（2012）．アイデンティティ　高橋恵子・湯川良三・安藤寿康・秋山弘子（編）　発達科学入門3　青年期〜後期高齢期　東京大学出版会　pp. 35-50.
柏木惠子　（1988）．幼児期における「自己」の発達——行動の自己制御機能を中心に　東京大学出版会
柏木惠子　（2005）．親となること——養護性の発達と親の人格発達　柏木惠子・古澤賴雄・宮下孝広（著）　新版　発達心理学への招待——人間発達をひも解く30の扉　ミネルヴァ書房　pp. 64-71.
木下芳子　（2009）．多数決の適用についての判断の発達：日本とイギリスの比較研究　発達心理学研究，**20**, 311-323.
コールバーグ，L.／永野重史（監訳）（1987）．道徳性の形成——認知発達的アプローチ　新曜社
児美川佳代子　（1993）．近代イギリス大衆学校における一斉教授の成立について　東京大学教育学部紀要，**32**, 43-52.
古澤賴雄　（2005）．ふたたび発達とは——発達研究事始め　柏木惠子・古澤賴雄・宮下孝広（著）　新版　発達心理学への招待——人間発達をひも解く30の扉　ミネルヴァ書房　pp. 253-262.
子安増生　（1997）．子どもが心を理解するとき　金子書房
Lewis, M. (1993). The emergence of human emotions. In M. Lewis & J. M. Haviland (Eds.), *Hand-

book of emotions, Guiford, pp. 304-319.

Lewis, M., & Brooks-Gunn, J. (1979). *Social cognition and the acquisition of self*. Plenum Press.

Lockhart, K. L., Nakashima, N., Inagaki, K., & Keil, F. C. (2008). From ugly duckling to swan? Japanese and American beliefs about the stability and origins of traits. *Cognitive Development*, 23, 155-179.

Meltzoff, A. N., & Moore, M. K. (1977). Imitation of facial and manual gestures by human neonates. *Science*, 198, 75-78.

無藤清子 (1979). 「自我同一性地位面接」の検討と大学生の自我同一性 教育心理学研究, 37, 178-187.

無藤隆・市川伸一 (1998). 学校教育の心理学 学文社

内藤俊史 (2005). 道徳性を構成するもの——道徳心理学 内田伸子 (編著) 心理学——こころの不思議を解き明かす 光生館 pp. 83-103.

中道圭人 (2011). 思考 具体的な思考から抽象的な思考へ，一元的な思考から多元的な思考へ 中澤潤 (監修) 幼児・児童の発達心理学 ナカニシヤ出版 pp. 43-56.

中澤潤 (2011). イントロダクション 中澤潤 (監修) 幼児・児童の発達心理学 ナカニシヤ出版 pp. 1-12.

岡本夏木 (1985). ことばと発達 岩波書店

岡本依子・塚田-城みちる・菅野幸恵 (2004). エピソードで学ぶ乳幼児の発達心理学 新曜社

Piaget, J. (1932). *The moral judgment of the child*. (translated by M. Gabain). Simon & Schuster.

ピアジェ, J./中垣啓 (訳) (2007). ピアジェに学ぶ認知発達の科学 北大路書房

Piaget, J. & Inhelder, B. (1948). *The child's conception of space*. W. W. Norton.

Robins, R. W., Trzesniewski, K. H., Tracy, J. L., Gosling, S. D., & Potter, J. (2002). Global self-esteem across the life span. *Psychology and Aging*, 17, 423-434.

ロシャ, P./板倉昭二・開一夫 (監訳) (2004). 乳児の世界 ミネルヴァ書房

Rosenzweig, M. R., Krech, D., Bennett, B. L., & Diamond, M. C. (1962). Effects of environmental complexity and training on brain chemistry and anatomy: A replication and extension. *Journal of Comparative and Physiological Psychology*, 55, 429-437.

Sameroff, A. J. (1975). Early influences on development: Fact or fancy? *Merrill-Palmer Quarterly*, 21, 267-294.

Selman, R. L. (2003). *The promotion of social awareness: Powerful lessons from the partnership of developmental theory and classroom practice*. Russell Sage Foundation.

シーガル, M./外山紀子 (訳) (2010). 子どもの知性と大人の誤解——子どもが本当に知っていること 新曜社

Sinclair, D. (1978). *Human growth after birth* (3th edition). Oxford University Press.

Shirly, M. M. (1931). *The First Two Years; A Study of Twenty-Five Babies1*. Volume II—Intellectual Development. University of Minnesota Press.

首藤敏元・二宮克美 (2003). 子どもの道徳的自律の発達 風間書房

Slee, P. T., & Shute, R. (2003). *Child Development: Thinking about Theories*. Arnold Publishers.

Smetana, J. G. (1995). Context, conflict, and constraint in adolescent-parent authority relationships. In M. Killen & D. Hart (Eds.), *Morality in everyday life*. Cambridge University Press, pp. 225-255.

菅原ますみ　（2012）．子ども期の QOL と貧困・格差問題に関する発達研究の動向　菅原ますみ（編）子ども期の養育環境と QOL　pp. 1-23.
杉村伸一郎・坂田陽子　（2004）．実験で学ぶ発達心理学　ナカニシヤ出版
鈴木亜由美　（2011）．社会性　他律から自律へ　中澤潤（監修）幼児・児童の発達心理学　ナカニシヤ出版　pp. 127-138.
高橋恵子　（1983）．対人関係　波多野完治・依田新（監修）児童心理学ハンドブック　金子書房　pp. 607-639.
高橋恵子　（2010）．人間関係の心理学――愛情ネットワークの生涯発達　東京大学出版会
友枝敏雄・鈴木譲　（2003）．現代高校生の規範意識――規範の崩壊か，それとも変容か　九州大学出版会
外山紀子・中島伸子　（2013）．乳幼児は世界をどう理解しているか――実験で読みとく赤ちゃんと幼児の心　新曜社
Turiel, E. (1983). *The development of social knowledge: Morality and convention.* Cambridge University Press.
内田伸子　（2005）．心理学――こころの不思議を解き明かす　光生館
氏家達夫　（2006）．情動はどのように発達するのか　内田伸子（編）発達心理学キーワード　有斐閣　pp. 102-103.
UNICEF イノチェンティ研究所　（2007）．Report Card 7　研究報告書ウェブ版　http://www.unicef.or.jp/library/pdf/labo_rc7.pdf（2014年8月1日）
渡辺弥生　（2000）．道徳性の発達　堀野緑・濱口佳和・宮下一博（編著）子どものパーソナリティと社会性の発達　北大路書房　pp. 146-157.
渡辺弥生　（2011）．子どもの「10歳の壁」とは何か？――乗りこえるための発達心理学　光文社新書
渡辺弥生・榎本淳子　（2012）．発達と臨床の心理学　ナカニシヤ出版
Wellman, H. M. (1990). *The Child's Theory of Mind.* The MIT Press.
Whiten, A., & Perner, J. (1991). Fundamental issues in the multidisciplinary study of mindreading. In A. Whiten (Ed.), *Natural Theories of Mind: Evolution, Development and Simulation of Everyday Mindreading.* Blackwell, pp. 1-17.
Wynn, K. (1992). Additon and subtraction by human infants. *Nature*, **358**, 749-750.
山岸明子　（1991）．道徳的認知の発達　大西文行（編）新児童心理学講座9　道徳性と規範意識の発達　金子書房　pp. 51-93.
山岸明子　（2009）．発達をうながす教育心理学――大人はどうかかわったらいいのか　新曜社

筆者紹介

長谷川　真里
　　横浜市立大学国際総合科学部教授　博士（人文科学）
　　お茶の水女子大学大学院人間文化研究科博士後期課程修了、高千
　　穂大学人間科学部准教授等を経て、現職。
　著書：「言論の自由に関する社会的判断の発達」（風間書房）、「発
　　　達科学ハンドブック第4巻　発達の基盤：身体、認知、情
　　　動」（新曜社、分担執筆）、「発達科学入門　第2巻　胎児期
　　　〜児童期」（東京大学出版会、分担執筆）ほか

発達心理学──心の謎を探る旅

2014年11月25日　初版第1刷発行
2019年9月20日　初版第3刷発行

　　　　　　　　　　　　　　　著　者　　長谷川真里
　　　　　　　　　　　　　　　発行者　　木村　慎也
　　　　　　　　　印刷　新灯印刷／製本　新灯印刷

発行所　株式会社　北樹出版
〒153-0061　東京都目黒区中目黒1-2-6
URL : http://www.hokuju.jp
電話(03)3715-1525(代表)　FAX(03)5720-1488

Ⓒ Mari Hasegawa 2014, Printed in Japan
ISBN 978-4-7793-0439-2
（落丁・乱丁の場合はお取り替えします）